北國新聞創刊者

赤羽萬次郎が拓いた道

はじめに

「北國新聞」はことし創刊125周年。「富山新聞」は95周年を迎える。時代は違うが、根っこをたどればともに創刊者の赤羽萬次郎と後継者・林政文の二人の記者に行き着く。

地方が抱える具体的な課題を見つけ、足下を掘り続けたのが萬次郎だった。維新の嵐に翻弄された加賀百万石の城下町の衰退は激しかった。明治という時代が地方に突きつけた試練に挑んだのだ。その足下を掘り続けると、地方の混乱は地方だけに責任があるのではなくて世界とアジアに矛盾の渦が広がっていることが分かる。弟の政文はそこを突き止めたいと考えた。

人々の記憶から消えてしまったことが新聞には残っている。明治、大正、昭和の古い紙面に耳を当て、通り過ぎた時代の風にふれてみたい。萬次郎と政文の思ったことを聞いてみたい。そこから、北陸の明治150年の姿が浮き彫りにならないかと、取り組んだ企画である。

森英一金大名誉教授が執筆した「林政文の生涯」と重なる部分もあるが、独自取材で評価した結果である。ご了承を願いたい。

2018年8月　小倉正人

Index

北國新聞創刊者
赤羽萬次郎が拓いた道

はじめに

創刊号の約束

北陸の発展に尽くす

これは2人の男の物語である。赤羽萬次郎《あかばねまんじろう》と林政文《はやしまさふみ》。明治維新の前後に信州・松本に生まれた兄弟である。ともに若くして故郷を離れ「新聞の夜明け」を見た草創期のジャーナリストだ。波乱に満ち、風のように生きて三十歳代で散った短い生涯だが、北陸に残る新聞界の土台はこの青年によって築かれた。

2人が切り拓《ひら》いた道の最初の場面は1893（明治26）年8月5日、北國新聞創刊の日からスタートする。その朝「地方紙としての気迫を持って北陸の発展につくす」と第一号紙面で読者に約束した萬次郎主筆は、この年まだ31歳だった。翌6日、金沢の浅野川小橋付近（現・東山3丁目）にあった演芸場・戎座《えびすざ》で講演会が開かれた。今

創刊者・赤羽萬次郎（左）、弟で二代目社長の林政文のコラージュ。
背景は金沢市南町の北國新聞会館

は跡形もないが、明治期の浅野川周辺には演芸場が集まり、政治演説会場にもなっていた。

聴衆の関心は2人の代議士、高田早苗《たかださなえ》（1860年生まれ。後に早大総長）と島田三郎《しまださぶろう》（1852年生まれ。横浜毎日新聞社長。後に衆院議長）にあった。2人は萬次郎の東京時代以来の同志である。民権家として名高い2人の話を聞こうとし蒸し暑さの中にも会場はぎっしり。3時間あまり熱弁が続いたという。

華々しいスタートに見える。だが、明治初期の演説会は暴力との戦いだった。2人は金沢に来る前に富山でも演説会を開いたのだが、弁士が演壇から引きずり下ろされ、石が飛ぶなど「政争の激震地だった」と高田がその驚きを自伝に書き残している。石や下駄をぶつけ、こん棒を振りかざして弁士に迫る。粗暴さは目に余ったと記録にある。

創刊を祝う講演会だからか荒れることはなかったが、富山での体験は明治二十年代の言論界の実態を示している。10代のころから、こうした暴力を経験してきた萬次郎は鍛えられていた。能登の演説会場での話が伝わっている。瓦や石、火鉢まで飛んでくる。止めに入った警官を投げつける壮士までいたという。弁士の萬次郎も負傷したが、騒ぎの静まるのを待って壇上から一喝。「君ら、もし自由を重んじるなら、まず、その自由が何かをわきまえよ。自由とは乱暴狼藉の自由にあらざるぞ」。相手が一瞬ひるんだすきに本題に入り再び妨害をあたえることなく弁じ終えた。警察署長が立ち会っていたが「実に弁士の白眉なり」と感心したとの話が残る。

この胆力はどこで鍛えられ、なぜ政争の地・北陸にやってきたのか。これから赤羽萬次郎とその後を継いだ弟・林政文の歩いた「明治150年」の旅に出る。

松本・開智学校

教師から民権派記者に

信州・松本から取材の旅は始まった。輝く北アルプスが美しい。その向こうに飛騨、越中、加賀、能登の国がある。しかし、幕末の1861（文久元）年にこの街で生まれた萬次郎は、まさか自分の命が、あの山のかなたで燃え尽きるとは思わなかっただろう。

そんな思いにかられながら開智学校《かいちがっこう》へ向かった。国内最初期に建った有名な洋風校舎で、教育県・長野のシンボルである。萬次郎は学制確立以前の子どもだから寺子屋で学んだ。師は多湖利安《たごとしやす》といい、松本藩校で教授方も務めた漢学者である。商家生まれの萬次郎はその私塾の生徒だったらしい。8歳下の弟・政文は明治2年生まれで出来たばかりの開智学校に入学できた。

2人の実家は「小木曽《おぎそ》」という。次男の萬次郎、三男の政文とも養子にでて改名するが、開智学校の資料には2人の旧姓名と恩師の名前までが残っていた。

兄・萬次郎はアシスタント教師として。弟・政文は生徒として。そして先生は教師陣の1人として。寺子屋の先生は明治になるとそのまま小学校教諭になったことを示している。

萬次郎は開智校の卒業生ではないが、多湖塾で優秀だったらしく草創期の小学校で教師見習いに採用された。少年教師・小木曽萬次郎に月15銭を与えた資料があった。「支給の回数から見て、臨時的な仕事だったのではないか」（遠藤正教・開智学校校舎学芸主任）という。

明治12年の生徒出欠簿には小木曽元吉（林政文）の名が登場する。皆出席の優良児だ。約140年前の学制最初期の資料がこうして残っている。開智校の奇跡だと感心する。

中央は国重文の松本・開智学校校舎。右は少年教師・赤羽萬次郎（当時は小木曽）の給料支給簿記録。左は生徒・林政文（同・小木曽元吉）の出席簿

萬次郎は早熟だった。15歳をすぎたころには正式な小学校教師になり、松本郊外の学校に転勤した。明治初期の一青年の勤務先が分かるのは、松本で発行されていた新聞に萬次郎の署名原稿があるからだ。「在豊丘」などとある。豊丘小の教師という意味だ。萬次郎は政治に関心が強い行動派の青年教師に育っていた。

明治10年代、自由民権運動の風は山深い信州の城下町にも吹き始めていた。少年教師は民権団体に所属し、新聞に投稿し、演説会に出入りする青年教師になっていく。後年、萬次郎は全国を遊説に歩き「弁筆併せ持つ記者」として名をなしていくが、その原形を生まれ故郷・松本に見ることができるのである。

3人の先輩記者

19歳、東京へ旅立つ

明治初期の赤羽萬次郎と林政文の足跡が今日、詳細に分かるのは松本市郊外で研究を続けた山田貞光さんのおかげである。2008年に亡くなったが、長野の自由民権史を調べ上げた「野の学者」だった。

山田さんが健在のころ自宅の書庫を訪れたことがある。北國新聞創刊者・赤羽萬次郎の研究家が長野県にいることに驚いたが、そこから金沢での萬次郎の後半生がつながり、1本の人物像になったのである。

信州の民権運動の土壌から山田さんの話は始まった。藩政期、長野は複雑な地形に小藩が分立していた。加賀藩一藩が能登・加賀・越中を支配したのとは対照的である。

自由民権運動も平民を中心にした信州と、士族が柱になった金沢とは性格が異なっていた。萬次郎ら教師メンバーが多かったのも、そうした信州の地域性からだった。

萬次郎に影響を与えた松本の自由民権運動には3人の中心人物がいた。一人は坂崎斌《さかん》という。土佐出身の裁判官で、2010年のNHK大河ドラマ「龍馬伝」にも描かれた変わりダネである。裁判官を辞めて高知に帰って記者になり、国内初の、坂本竜馬の伝記を書いた人物として知られる。

もう一人は松沢求策《きゅうさく》という。後に東京で中江兆民らの「東洋自由新聞」に参加する。萬次郎も東京に出て行くが、記者人生のコースは松沢とそっくり。あこがれの師でもあったらしい。

3人目が市川量造《りょうぞう》だ。民権運動とともに松本城の保存にも力を入れた。明治維新で各地の城が破壊された。松本城も解体寸前だったが、今に残って国宝となったのは民権家の保存運動が実ったからだ。滋賀県の彦根城も大隈重信の力で解体を免れている。民権思想は新しい日本をつくる動きのほかに、伝統保存にも力を注いだことは意

萬次郎がよく演説をした松本市内の宝栄寺。寺院が民権運動の中心会場だった

外と知られていない。

多彩な先輩の影響を受けて萬次郎は民権家として頭角をあらわしていく。確認できる最初の原稿は1879（明治12）年7月12日付の「松本新聞」にある。「六日菖蒲《あやめ》十日の菊《きく》」と題して国会開設についての認識の遅れを指摘している。

直後に教師をやめて「信濃毎日新聞」で記者一本の道を選ぶ。遊説でわかりやすく語り、記者として平易に書き、教師として学び続けた10代後半だった。が、大海を目指す志断ち難く、信州から東京へ旅立つ運命の日が来た。19歳の秋だった。

東京横浜毎日

旧幕臣が民権運動の柱

東京に出た赤羽萬次郎が入社したのは「東京横浜毎日新聞」という。1870（明治3）年12月に日本で最初に発刊された日刊紙「横浜毎日新聞」が前身である。当初は港に入る船舶情報が主な内容だったが、明治12年に東京に進出して「東京横浜毎日新聞」と改名していた。

社主は沼間守一《ぬまもりかず》。旧幕臣で戊辰戦争では幕府軍の指揮官だった。維新後は新政府にも仕えて海外を視察。そこで言論の大切さを学んだ、明治初期には貴重な世界観を持つ民権家だった。

維新直後から多発した士族の反乱が全て鎮圧され、1877（明治10）年の西南戦争では西郷軍も敗れた。もはや武力では勝てないと悟った勢力は、言論で薩長閥の新政府に戦いを挑むことになる。そのためもあって、民権運動家も新聞記者にも沼間のような旧幕臣が多いのである。

萬次郎は長野出身の先輩記者に紹介されて面接に向かった。「沼間氏、一見して萬次郎の才を見抜く。気迫あり、有為有望の士たると、入社を快諾した」と伝わる。

折から、大隈重信が薩長閥との争いから政府中枢を離れて政党を組織していく時期だった。「明治14年の政変」という。それ以前から、嚶鳴社《おうめいしゃ》と名付けた演説団体（後に石川県にも支部ができた）を組織していた沼間と、政党の重要性を感じた大隈は手を組み「立憲改進党」が生まれる。当時はすでに板垣退助が組織した「自由党」があった。この二つの政党が自由民権運動で強力なライバル争いを続けることになる。

日本最初の新聞「横浜毎日」の社屋は現在の横浜市のJR桜木町駅付近にあった。今の桜木町駅は明治初期に「新橋―横浜間」に鉄道が開通したときの「横浜駅」である。港に近く、横浜市街の入り口で情報の交差点にあったことになる。

では萬次郎が入った「東京横浜毎日」はどの辺りにあったのだろう。今の銀座4丁目交差点南にあったことが古地図に記されている。近くの数寄屋橋から新橋にかけて明治期の新聞社が軒を連ねた。その伝統から、つい最近まで銀座付近には新聞各社の本社支社が集まっていた。北國・富山新聞の支社も例外ではなかった。

この高層ビル付近に日本最初の日刊紙「横浜毎日新聞」があった。横浜市の桜木町駅前

　都心の新聞街のルーツは明治の民権期にあった。平成のネオンの巷《ちまた》は、かつて民権記者が闊歩《かっぽ》した街だった。銀座の裏通りで萬次郎とすれ違った気分である。

名望と弾圧と

田中正造のため栃木へ

1882（明治15）年、自由民権運動家の五十傑と演説内容を採点した「明治演説評判記」が発刊された。福沢諭吉、犬養毅、尾崎行雄、植木枝盛《えもり》らの名が並ぶ。その中に信州から東京に出てきたばかりの若き赤羽萬次郎の名もあった。「評判にいわく。君の演説は田舎（信州）仕入れにしては、論の立て方といい、話しっぷりといい、随分といい、悪くない」とほめられている。この著者の採点は辛くて、あの福沢諭吉でさえ「開化のさきがけと言われるが、昨今はその相場下落した」と切り捨てている。

もっとも、持ち上げられるだけが演説家の評価ではなかった。官憲によって弾圧されるのも民権家と新聞人の勲章になった。明治16年のことになるが警視庁から「赤羽萬次郎に演説禁止処分が出る」と各新聞が報じた。「東京府内で政治に関する演説は永遠にしてはならぬ」というきつい内容だった。

話は少しさかのぼる。

記者修業を重ねていた萬次郎は明治15年、栃木県へ行くことになった。待っていたのは公害運動で歴史に名を残す田中正造である。

正造は後に代議士として足尾銅山の公害問題で政府と激しく戦うことになるが、当時は大隈重信に連なる民権派の栃木県議会議員で、地元紙のオーナー編集長になったばかりだった。

意気軒昂に民権機関紙「栃木新聞」(現・下野《しもつけ》新聞)を創刊したのだが、実は編集も経営も素人同然。新聞は一日60部も売れなかったという。

建て直しのために、新聞の編集から販売まで分かる者を派遣してもらうように政治的同志だった「東京横浜毎日新聞」に頼み込んだ。そこでやって来たのが、赤羽萬次郎と先輩格の野村本之助《もとのすけ》(鹿児島出身)だった。

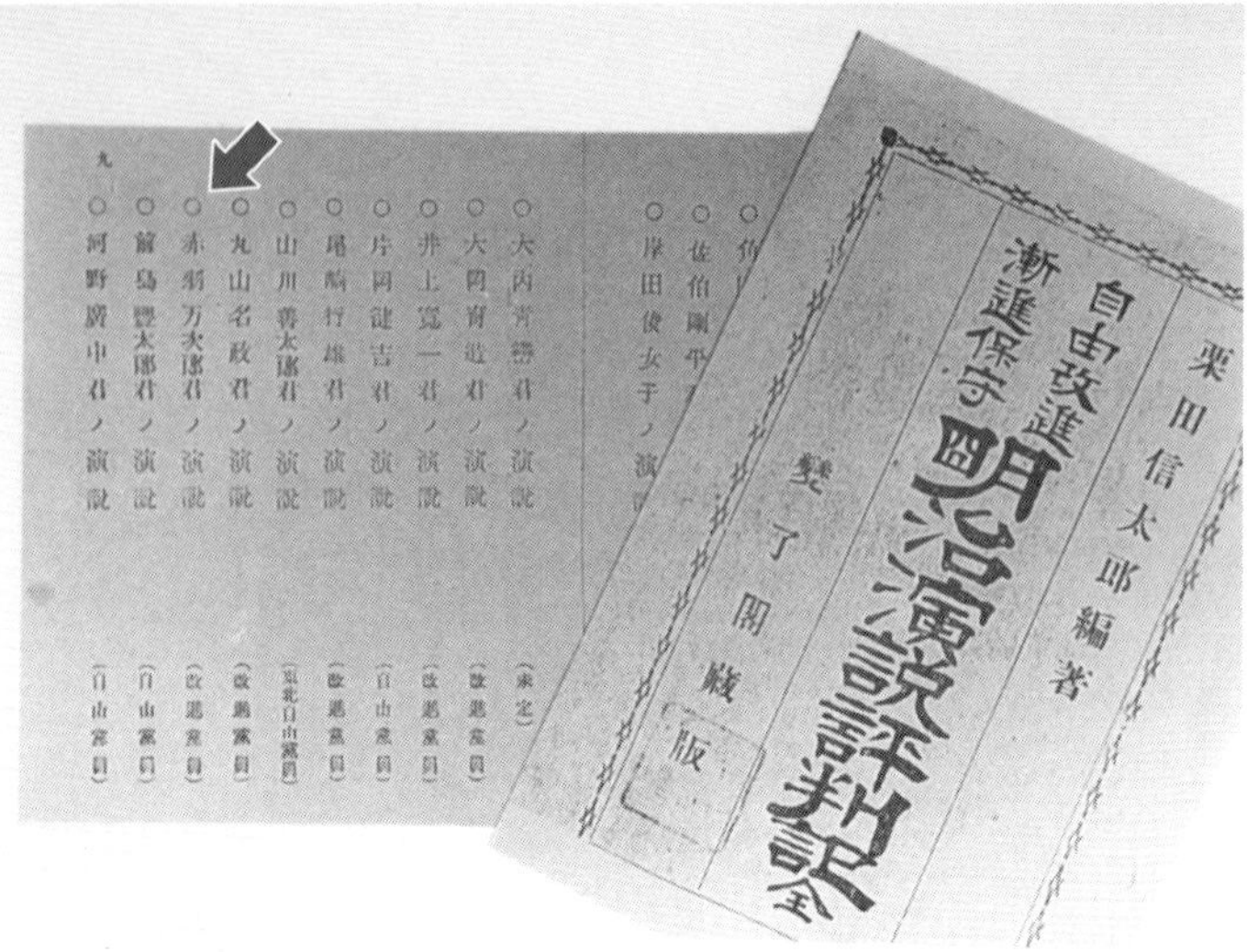

明治 15 年の演説評判記（国会図書館蔵）。福沢諭吉や犬養毅と並んで赤羽萬次郎の名が見える

着任して数日後、萬次郎らが編集の仕事を終えても印刷が始まらない。「紙を買う金がない」。「紙を買うとインク代がない」という。萬次郎は県会書記のアルバイトをして稼ぎ、給料を社員にわけたと後年、野村が書いている。

田中正造も衣服を売って紙代に当てたが「あなたは経営者だから当然のこと。あの赤羽君をみて下さい」といわれ、正造は「予、大いに恥ず」と素直に反省。以来、若き同志を「敬うことひとかたならず」と記している。年の差が20歳以上もある民権家同士の不思議な友情が、ここから始まる。

沈勇にして、義あり

栃木県での赤羽萬次郎と野村本之助の下宿は三畳一間だった。自炊でコメを数日分炊いて、なくなるまで食べた。関東の空っ風でその飯が凍る。「あたかも砂をかむようだった」という。２人は田中正造の「栃木新聞」を助けた後、東京に帰ったが、縁は切れなかった。

当時の栃木県庁は宇都宮ではなくて栃木市にあった。県議の正造が戦う相手は、県令（知事）の三島通庸《みちつね》である。東北各地で強制的に農民をかりだして大規模な土木事業を進めた薩摩出身の人物だ。この無謀に正造は立ち向かった。

「赤羽萬次郎と図って臨時議会の土木費を否決」した。萬次郎は県議・正造の参謀役だった。三島県令の怒りは正造と萬次郎に向けられ捕捉しようとした。2人は素早く栃木を去った。

現代なら考えられないことだが三島県令は追っ手を差し向けた。東京の神楽坂にあった萬次郎宅に正造が転がり込む。「眠い、どうか寝かせてください」。玄関先で志津子夫人が驚いている。「田中さん、あなた東京にいたのですか。新聞には昨日捕まったと書いてありますよ。脱獄でもしてきたのですか。うちも昨日家捜しされたのですよ」。

正造を見つめる夫人はこのとき妊娠10カ月。「今にも破裂しそうな体にもかかわらず気丈に語った」と回想している。この緊迫した場面を、ユーモアを交えて淡々と描くところが正造のおおらかさだ。留守だった萬次郎が帰ってきた。追っ手の足音がヒタヒタと迫る。夫人は正造を台所に案内し、逃亡ルートを教えてかくまった。危機一髪。1884（明治17）年のことである。

この事件で、警視庁は栃木県から逮捕請求が出ている人物にもかかわらず身の安全

栃木県庁跡。萬次郎の足跡は現在もある「下野新聞」にも残っている

と証拠の保全を約束したうえ、正造の身柄を確保した。冤罪《えんざい》で約80日収監されたが、在監中に三島県令も解任。三島は後に警視総監に出世するが、栃木では田中正造と相打ちのかたちとなった。

出獄した正造は各地で支持者の歓迎会に臨んでこう語ったという。「実に栃木県人の恩人なりと言うべし」「萬次郎は沈勇にして思慮深くかつ才略あり。そして義を好む人なり」（田中正造選集・民権への道＝岩波書店）。2人を結びつけたのは強い正義感だった。だが、地方税の軽減と公平な配分を求める、明治期の「地方自治」の萌芽が見られる記念碑として記しておきたい。

愛について

己を捨てる「覚悟」のこと

足尾銅山の鉱毒問題で政府と戦った田中正造は政治の無力さを感じて議員を辞職、その後1901（明治34）年、明治天皇に直訴する行動に出る。

一種の「蛮勇」であるが、正造の強さと勇気の根っこには、困っている人を見た以上は見逃すことができない「愛」があった。助けるというより自分もその一人として戦う。言葉だけでなく行動で示す。「身をすてて実行する」との揮毫《きごう》も残っている。同志を励ます手紙には「愛」の一文字が登場し、今もその筆跡が全国の正造ファンの心を揺さぶり続けている。希有な偉人と言わねばなるまい。

直訴は直前に取り押さえられて失敗した。が、新聞が詳しく報道したため、足尾の鉱毒問題は栃木県だけでなく、関東一円、東京にまで害を及ぼしていることが知られることになった。「財産を棄《す》て、名誉を棄て、妻子を棄て、朋友を棄て、政党を棄て、議員を棄て、ついには己を棄て、身を鉱毒事件の犠牲に供した田中正造」（当時の讀賣新聞）と書いた記者もいた。正造の蛮勇の根っこにあるものは明治の記者仲間には理解されていたのである。

萬次郎が金沢で「北國新聞」を創刊するのは栃木で正造と別れてから約10年後のことである。その紙面で「わが社は愛を期するものなり」と宣言した。新聞は人の善を揚げて美を見いだすもの、なぜなら善美は伝わり難く、醜悪は伝わりやすいものであるから、というのだった。

「愛」の意味は時代によって、宗教観によっても違う。幕末の吉田松陰らもよく「愛」を語った。戦国期の直江兼続《なおえかねつぐ》の兜飾りも「愛」の一文字だった。歴史の所々で出会う言葉である。

36歳で亡くなった赤羽萬次郎は明治34年の正造の直訴事件のころは既に世にいない

が、萬次郎の「愛」は、正造の「愛」につながっている。若き日に正造から学んだ「身をすてことに当たる精神」は、自らの新聞を創刊させる時に生かされている。二人に教えられる。「愛とは覚悟のこと」ではなかったかと。

田中正造の銅像。最期の財産は信玄袋ひとつだったという＝佐野市郷土博物館

直訴状が展示されている栃木県佐野市の博物館を取材で訪ねた。平成26年、天皇ご夫妻が来館されている。両陛下は時間を掛けて正造の書状を読まれたという。明治天皇には届かなかった直訴状は、113年の時をへて天皇に届いたのである。

大と小と中

政治論から三面記事まで

栃木県から東京に戻った赤羽萬次郎は各地へ記者修業に出ることになる。その前に明治中期の新聞界を整理しておきたい。

日本の新聞は政論新聞から始まった。記事の内容は硬くて庶民の暮らしとはかけ離れていた。萬次郎が入社した「東京横浜毎日」もそうだった。大隈重信の改進党を後押しする政論紙の一つで、こうした政党機関紙的な新聞を「大新聞《おお》」と呼んだ。

後に、学校教育の普及もあって平易なニュースをのせた新聞が登場する。庶民向けの記事を載せたのを「小《こ》新聞」と言った。だが、面白くてためになるニュースを求めるのはいつの時代も同じ。大新聞は小新聞を、小新聞は大新聞のよさを認めて、双方が似た新聞になっていった。大と小が合わさった「中新聞」が今の新聞の原形である。

スキャンダラスなニュースを指す「三面記事」とよばれる言葉が生まれるのもここからで、当時は4ページしかなかった紙面の3ページ目に事件事故や巷の話題が掲載されたからである。

東京以外でも各地で新聞の発行が続いた。1871（明治4）年に金沢で発行された「開化新聞」は日本初の「横浜毎日」の発刊からわずか1年後であり全国でも相当に早い方だった。富山の場合は石川県からの分県を待つ事情もあって遅れた。明治17年の「中越新聞」まで本格的な新聞の誕生は待たねばならなかった。

新聞が拡大する最初のきっかけは西南戦争だった。後に首相となる犬養毅《いぬかいつよし》も当時は「郵便報知新聞」の記者で九州で何がおきているのか、西郷軍はどうなったかを書き送った。国民は新聞でしか戦況がわからず、急激に必要性は高まった。

明治期の政党の変遷は激しかった。「東京横浜毎日」も「毎日」「東京毎日」などと、たびたび改題した。よく混同されるが、現在の「毎日新聞」とはまったく無縁の新聞である。萬次郎の弟・林政文や「日本の下層階級」を著した魚津出身の横山源之助《よこやまげんのすけ》、作家で社会活動家の木下尚江《きのしたなおえ》（長野県松本出身）らも所属した。昭和前期に経営難で消えてしまうが、明治後期には石橋湛山《いしばしたんざん》（後の首相）も記者として在籍した名門である。この新聞の伝統ある一本道から萬次郎はどう羽ばたくのか、舞台を明治14年に戻そう。

（※本書では混同を避けるため「東京横浜毎日」で統一します）

貴重な明治期の新聞を見ることができる「東京大学明治新聞雑誌文庫」。宮武外骨という希代のコレクターが全国から集めた

演劇改良論

文化・芸術で「政治」を語る

語り、書き、学び、戦い続けた明治14、15、16、17年。1881（明治14）年からの4年間は20歳前後の赤羽萬次郎が新聞人の基礎を固めた時期だった。「東京横浜毎日新聞」の記者をしながら政論誌「嚶鳴雑誌」や「東京輿論新誌《よろんしんし》」に次々と論文を発表している。テーマは文学・演劇・歴史ものが多い。

詳細は今に残る当時の雑誌で見ることも可能だが、昭和に入ってから出版された明治文学研究の書籍からも知ることができる。例えば、1965（昭和40）年刊行の「明治文学研究」（春秋社）や、同63年刊の「日本新劇理念史・明治前期編」（白水社）がその代表だ。「演劇改良論」の先駆けとして萬次郎の記事が取り上げられている。

歌舞伎も演劇改良の遡上にあげられた。明治 20 年上演の勧進帳の錦絵（明治文化版画大鑑から）

「小説や講談、演劇などは、大衆が社会や歴史を学ぶために重要なものであり、その力は大きく責任は重い。勧善懲悪ものであっても、封建的な面を脱しなければならない」。しかし、現状をみると「わいせつ、稚拙、博徒を義人化したりしたものがいまだにある」と改良の必要性を説く。

改良するにあたって萬次郎が指摘するのは事実に基づくことだった。空想の物語であっても歴史的事実、伝記の事実、生活の事実に即したものにすべしというのである。演劇改良論は、当時各界から指摘されてはいたのだが「事実に基づけ」という点がジャーナリストらしいとして研究対象になっている。

政論誌には萬次郎の演説記録も載っている。東京浅草での「国家について」を聞いてみよう。

「山河あり、田や野がありといえども、人民なくして国家はない。富国とは人民が富み、強くなることであります。今、人民ということばを使った。それは、国民全員を指すわけだが、全部といっても最大多数を指す。最大多数とは大衆、下層階級のことであります。政治思想も同じ。下層社会の加わらない時、その力は弱いのであります」

現在からみれば、外国直輸入の言葉が咀嚼《そしゃく》されないまま使われている印象は免れない。だが、この政治演説の舞台は明治維新わずか十数年後のことである。「最大多数」という言葉で人民の幸福と富をとらえ、国権主義に陥らない柔軟な明治初期の青年記者の理想が伝わってくる。

スター記者

浪花《なにわ》の夢 1年で破れる

映画界にはスターシステムと呼ばれる製作方式がある。有名なスターに合わせて映画をつくり観客を集めるやり方だ。明治初期の新聞界がそうだった。名の売れたスター記者を主筆に招いて、あるいは独立させて話題になり、読者を集める新聞を目指したのである。

「東京横浜毎日新聞」で名をあげていた赤羽萬次郎を招いたのは大阪の「内外新報」だった。前身を「大東日報」という。後に首相となる原敬《はらたかし》（1856年生まれ）が主筆をつとめていた新聞だが、行き詰まって廃刊となったため設備などを買い取って創刊した。路線的には継続性はない。

独立の夢が実現すること。演劇の街・大阪に関心があったこと。萬次郎が大阪に行ったのはこの二つの理由からだった。商都らしいスローガンを掲げた。「議論着実。記事正確。報道迅速」。

この明快な約束のもと「内外百般の要報を登載し、社会の耳目」となる新聞を目指した。明治26年に金沢で北國新聞を創刊したときの「森羅万象の案内者となる」の宣言の原形をみる思いだ。「内外新報」の社説が残っている。そこでは大阪の読者に壮大な夢を語っている。

「新聞の業といえども地の利は重要である。大阪を選んだのは山陰、山陽、四国、九州から畿内、北陸、東海を連ねてわが新報の領に帰せしめんと期するなり」。

大阪時代の萬次郎で見逃せないものに教育活動がある。教師の集会によく招かれて語った。「小学校低学年までは女性教諭の影響力が大きい」。あるいは「男女差別をなくすには、女子教育を充実させる」。さらに「職業について自活を求める」などと元教師だけにどれも具体的だ。

萬次郎の「内外新報」のあった大阪市の伏見町通り。江戸末期の「適塾」や北浜の各藩米倉が近い

しかし、萬次郎が大阪に求めた夢は1年少々で破れた。「大阪の演劇」と題した記事にその落胆と悲憤慷慨《ひふんこうがい》が見て取れる。「東京や地方で演劇改良がすすんでいるのに一人、第二都をもって名のある大阪にして改良の方向になく、淫奔《いんぽん》わいせつの演劇をなすものあり」。

大阪は政治中心の新聞がのびる土地ではなかったと感じたのかもしれない。明治20年1月。「長く留まるところにあらず」と郷里の長野に帰った。萬次郎26歳。初めての挫折ではなかったか。

塞翁が馬

挫折から次のステージに

大阪での挫折は26歳の青年にとっては痛い経験だったに違いない。だが、新聞人・赤羽萬次郎の足跡から見れば、長野を経て金沢に来るための一つのステップになっている。人間万事塞翁《ばんじさいおう》が馬《うま》。人生の一大転機でもあった。

1887（明治20）年1月12日付「信濃毎日新聞」は新主筆・萬次郎を迎えて大々的な紙面改革の宣言をした。東京横浜毎日、嚶鳴社、東京輿論新誌、内外新報で記者を務めたことを紹介。萬次郎も「地方分権の基礎を養うに尽力す」と入社のあいさつをした。

東京・栃木・大阪を歩いてきた萬次郎にとって、郷里の信州は錦を飾るところではなくて「地方分権」の大切さを確認する場所だった。長野では長兄の小木曽庄吉《しょうきち》が弁護士事務所を開いていて資金的なバックアップもあったと思われる。中江《なかえ》兆民《ちょうみん》らを招いて大規模な民権集会を開くなどしている。

このころ「信濃毎日」に富田松北という若手の記者がいて、萬次郎主筆の日常を書き残している。「赤羽主筆は午前10時に出社する。原稿締め切りは午後3時で、原稿を出し切ると赤羽は帰る。さらに1人が帰る。2人が残り校正がすむと1人は帰る。残り番が大組のできるのを見て帰る」（記者生活23年・明治42年刊）

この富田記者は後に「信濃毎日」の看板ライターとなった。昭和期に同社の主筆を務めた金沢出身の桐生《きりゅう》悠々《ゆうゆう》が、今度は先輩の富田記者の思い出を書き残している。不思議な縁である。記者の表の功績は描かれることはあるが、黎明期の新聞社編集局内の姿が書かれて残るのは珍しい。若き萬次郎主筆の姿をみることができて興味深い。

しかし、これほど意気込んだ「信濃毎日」の主筆時代はわずか1年余りで終わる。翌明治21年に入ると萬次郎の周辺はにわかに慌ただしくなる。「信濃毎日」の紙面に跡を追ってみる。

「2月はじめに上京。3月3日帰る。6日再び上京。17日帰るが一昨日、当地を出発して石川県金沢にある北陸新報社に赴けり。北溟社《ほくめいしゃ》社長の眞館貞造《まだちていぞう》、同社員・直江《なおえ》三吉郎《さんきちろう》の二氏も同伴なり」

慌ただしく、萬次郎が長野を去ることになった理由が、そのころ金沢で起きていた。

明治初期の青年記者はこんな風情だったのか。20代の萬次郎を思わせる。「内外新報」のあった大阪市中之島近くの文化ゾーンに立つ像

命がけの「親不知」

富山通過を伝える地元紙

1888(明治21)年3月。急きょ赤羽萬次郎が長野を去ることになったのは金沢の新聞事情の変化が原因だった。憲法制定と国会開設を控えた大事な時に萬次郎らが所属する改進党系の「北陸新報」に強力なライバルが登場したのである。

自由党系の「北陸新聞」が東京から有名記者を招いて攻勢をかけてきた。北陸の改進党系議員や「北陸新報」は「東京横浜毎日」や「報知新聞」に助けを求め、強力な人材を送り込むよう頼み込んだ。

候補にあがったのは3人。1人は肥塚龍《こいづかりゅう》(後の東京府知事、衆院副議長、萬次郎死後に北國新聞主筆も務めた)。もう1人が波多野伝三郎《はたのでんざぶろう》(後の福井県知事)。そして赤羽萬次郎だった。

当時の金沢は東京、大阪、京都、名古屋に次ぐ都市だった。重要性を認識していた改進党の調整は難航した。しかし「義侠の士あり。自ら進んでこの難所にあたらんといい出たり。赤羽萬次郎君すなわちこの人なり」と北溟社関係者の記述にある。

春まだ浅き信濃路を萬次郎と夫人は北陸へと旅立った。「北陸新報」を出している北溟社の眞館社長と直江記者が従った。新潟へ入ると春の陽気が吹き飛び、糸魚川をたつと雪が降り出した。親不知《おやしらず》にさしかかる。夫人は人夫に背負われて山側の道を取った。萬次郎らは波の間を縫って走る。「飛雪面を打ち寒風身を切る」天候だったという。大波が次々と襲い直江が波にさらわれた。

海中に引き込まれた仲間に息をのむ。そこに奇跡が起きた。次の大波で直江が岸に打ち寄せられたのである。意識もうろうとなった直江の両手をつかんで眞館と萬次郎は波間を走った。

無事に富山に入った。金沢へ向かう萬次郎ら一行の様子を、当時の「中越新誌《ちゅうえつしんし》」が

多くの旅人の命を奪った親不知の海岸。萬次郎一行も命からがら越えた（糸魚川ジオパーク協議会提供）

報道している。さらに「赤羽萬次郎氏、文壇に登るは近きにあるを持って今より刮目《かつもく》す」とスター記者を迎えた隣県の新聞事情に関心を示している。

長野から親不知を抜けて富山平野に入るコースは現在の北陸新幹線とほぼ同じだ。130年後の今、長野の取材から1時間もかけずに帰ることのできるのは「隔世の感がする」と言うだけでは申し訳ない。先人の苦労と犠牲に思いを馳せなくてはならないだろう。そして、後に北陸線の開設キャンペーンを展開する新聞人、萬次郎の原点を見る思いがするのである。

明治21年3月22日。萬次郎は金沢に一歩を記した。5年後の明治26年に「北國新聞」を創刊するまでの新たな戦いの始まりだった。

金沢・北国街道

沿道に百数十人が出迎え

藩政期からの伝統で、金沢市外と市内の境界は北国街道の大樋口にあった。現在の桜丘高付近である。旅人も大名行列もここで気を引き締め隊列を改め、新たな一歩を踏み出す。

1888（明治21）年3月22日。赤羽萬次郎一行は金沢に入った。大樋口には新聞関係者、県会議員、町の名士ら百数十人が出迎えた。「沿道出《い》でて見ざる者なし」。当時の地元紙の表現はオーバーにしても「この日天麗《うら》らかにして白山雲なし」の空だったという。

憲法発布を翌年に控えている時期に、民権ジャーナリスト萬次郎は政治の中心である東京を離れて金沢入りをした。ここに「地方は与論の本《もと》なり」の信念と、近代国家と国民を地方から築きあげる覚悟を見るのである。こう書いている。「運動はいささかも迂闊《うかつ》あるべからず。寸時《すんじ》も油断あるべからず」。

が、初めて見た金沢は百万石の城下町と言うにはあまりにも寂れていた。「市中寂《せき》寞《ばく》として哀微の極みを見る」（当時の郵便報知新聞）と記されている。自由民権運動も困窮士族の救済が中心で、主義主張よりも人脈の対立抗争の側面が強かった。萬次郎の立場は漸進《ぜんしん》主義である。「主義をリベラルにとる。進歩、民権にとる。その主義がすべてであり、特定の人物のために動くものにあらず」と紙面で明確にした。

萬次郎は新聞界では名の通った論説記者であり、能登、加賀から、富山での遊説に力をいれた。「憲法論」を分かりやすく説く演説力を見せる一方で「記者は一種の鋭利なる刃物、凶器を有する者であり、その凶器をもって素手の人を撃つにあたっては、よく慎重を期す必要がある」と述べるなど、他の記者にはない新鮮な弁舌には説得力があった。

萬次郎の金沢はここから始まった。130年後の今、高校生たちが行き交う北国街道大樋口＝金沢市春日町

地元の人々は萬次郎の登場をどのように見ていたのだろう。このころ金沢で「北陸自由新聞」の記者をしていた若き日の徳田秋声の萬次郎評が自伝に残っている。「少しはその世界に名の通った白皙《はくせき》美ぼうの紳士」だったが「西洋の大哲学者や政治家の文句をひいて田舎の読者を驚かした」。

後の文豪秋声も、当時は萬次郎のライバル紙に勤める駆け出し記者に過ぎなかったから、皮肉がこもっている。だが、萬次郎の経歴と知識・風貌はまぶしく写ったことがわかる。

期待とやっかみの中、萬次郎の金沢時代がスタートした。

民権弾圧のピーク

選挙干渉で次々と犠牲者

民主国家は一日で成らず。憲法を制定し総選挙も実施した。しかし、明治政府が体制を守るために使った手段は「暴力」だった。金沢に来て3年目の赤羽萬次郎はその厳しくも哀しい政治の現実を知ることになる。

1890（明治23）年の第1回総選挙で政府は民党（自由民権側の政党）に敗れ山県有朋《やまがたありとも》が内閣を投げ出した。代わって組閣した松方正義《まつかたまさよし》も軍事予算を、自由党と改進党によって否決された。次の明治25年の第2回総選挙で、政府は強権を発動する。内閣から地方の郡長まで権力機構をフルに使って民党に弾圧を加えたのである。「壬申《じんしん》の選挙大干渉」とよばれている。

政府の弾圧で、ライバルだった改進党と自由党の民党は結束し、吏党《りとう》（政府・県側の党）と戦う図式になった。「自由にあれ改進にあれ、問う必要なし。ただし民党にして硬骨あるものを代議士に出す」と萬次郎の記事は危機感を示す。

記者は吏党のテロ襲撃から有権者を守るために農村に赴き、あるいは会社に寝泊まりをして防衛にあたった。「今日、一日新聞なければ民党は暗やみに灯火を失ったようなもの。人々を迷わせないため一日たりとも新聞は休刊できぬ」と萬次郎は決意を込めた。

しかし、弾圧は執拗だった。加賀地方では吏党に襲われて支持者1人が死亡、「北陸新報」の記者ら2人が負傷。北陸新報社屋には戸板にのせられた負傷者が運ばれたが、出血多量で死亡したという。

富山では砺波郡での弾圧がひどかった。テロ集団は日本刀をふりかざして民党宅を襲い、あるいは発砲する。攻撃は総選挙後もつづき県議選・市議選でも繰り返されて富山や金沢で死者がでた。

壬申の選挙干渉で、民権派の中心となった「北陸新報」のあった金沢市南町付近

後に「反骨の記者」と呼ばれる桐生悠々はこのころ金沢の中学生で、松任で見た事件を伝記に残している。「皆一本の刀を腰に、中には鉄砲を持っている者も」。抜刀した警察官の一群が突如として現れ、その前後を刀を手にした壮士が走って行く。「水戸浪士の昔を思い桜田門を追想して戦慄した」と。この選挙のわずか25年前は江戸時代だったことをあらためて思うのである。

そこまでしても政府は総選挙で勝てなかった。民権派は新聞の力を自覚することになるが、事件の後始末としての過酷な裁判闘争が始まった。萬次郎はこのころから結核による体の衰弱が目立ち始める。

手取川の別れ

金沢を離れた隙に事件が

1892（明治25）年の「壬申の選挙干渉」は2月の総選挙だけで終わらなかった。4月の金沢市議選では市民約千人が尾山神社付近で吏党派と衝突。7月の富山県議補選では石動にまで押し寄せた金沢の壮士テロ集団に民党支持者が殺された。石川の能美郡では警官と住民が対立、農民が切り殺された。田谷充実元石川県知事の父・田谷次郎らが農民側のリーダーとして知られる「寺井事件」である。

翌26年から赤羽萬次郎の活動は北加賀に移った。犠牲者を見舞い、逮捕された100人にも及ぶ農民と正当防衛で相手を死なせた「北陸新報」社員の裁判に特別弁護人として法廷に立った。農民と萬次郎とのやりとりで経過をたどってみる。

「士は己を知る者のために死す。それがし病気不肖の身をもって深く諸君の知遇を受ける、何をもってこれに報《むく》いんと思う」。「農民が殺され負傷させられ、罰せられていることに憤慨《ふんがい》せざる得ない。最後の勝利を切望するのみ」（追悼会での萬次郎あいさつ）。

「赤羽君には、当地方の人民のため尽力していただき感謝に堪えない。願わくば君、健康を保ちその志をまっとうしていただきたい」。こう返答した加賀の農民らは、手取川の堤まで萬次郎を見送って別れを惜しんだという（明治26年2月）。

萬次郎の病は一気に悪化した。4月には東京の病院に入院。退院後には再び寺井事件の弁護で大阪へ。その留守中に異変が起きた。

あろうことか「北陸新報」の社主・河瀬貫一郎がライバルの「自由党」に新聞社を売り払い、自分も改進党から自由党に鞍替えしてしまったのである。

第2回総選挙で政府に勝った改進党と自由党には連合する動きがあった。河瀬も「政党内閣実現のため」と自らの寝返りを正当化した。しかし、自分の留守中を狙っての

寺井事件の現場。流血の舞台が農村に多かったのは、農村に民権思想が広がっていたことを示すものでもあった＝能美市寺井町

裏切りを萬次郎は許せなかった。こう述べて社を去った。

「予はもとより既成の政党を是認するものに非《あら》ず。しかれど、この地に招かれ北陸新報の主筆を託されたる徳義を思えば、予は予の良心に問うてこの社を退く。しかし、今、北陸新報を去るといえども、諸君の朋友たるを辞するに非ず。加越能の山河に背《そむ》くに非ず。契《ちぎ》り久しい白山と能登の海はなおとこしえに予の病骨を療するに足れり。謹《つつし》みて社員諸君に謝し、また謹みて読者諸君の健康を祈る」。

明治26年6月10日。「北國新聞」の誕生2カ月前のことである。

明治26年8月5日

「人、資本、名声」が集まる

赤羽萬次郎は痩せていたので「痩鶴《そうかく》」と号し、市民は親しみを込めて「ツル」と呼んだ。「謹みて社員諸君に謝す」と述べた北陸新報退社の辞の潔さは読者の胸を打ったようだ。

1893（明治26）年当時「絵入り金沢新聞」という大衆向け新聞があった。「鶴、大いに怒り、袂《たもと》を分かち、去る。残る者無才無識の輩《やから》のみ」と「北陸新報」の分裂を面白おかしく伝えている。

退社から1カ月弱で「北國新聞」は8月5日に創刊すると宣言し、その通りになった背景をみると、他紙の揶揄《やゆ》も意外と的を射ていることに気づく。萬次郎独立―の報に多くの同志支援者が集まってきた。大きく三つのグループがあった。その第一は「北陸新報」での同僚部下や地元金沢のライバル紙記者が目立つ。萬次郎の去った「北陸新報」に残る者は「無才の輩」と言われる理由もわからないではない。

第2は萬次郎を東京に呼びに行った県議の眞館貞造ら政治家・資産家グループ。第3が自由民権運動をともにした「東京横浜毎日」の同志たちだった。人・資本・名声が萬次郎の下に集まったのだった。

しかし、すべて順調に事が進んだわけではない。印刷機の調達が大変だった。8月1日になってもライバル紙に「機械その他の都合により北國新聞発行は無期延期か」と書かれたほどのピンチだった。が、こんな記事も見える。「北國新聞は東京で印刷機の購入契約をすませたものの、いまだ到着せざるをもって、廃刊になった旧北陸暁報《あかつきほう》の印刷機の借り受けに成功した」。

萬次郎は俗に言う旅の人である。裏切りにあって「北陸新報」を退社した時に、金沢を去っても不思議ではなかった。が、残る覚悟をした。ここ北陸の地を愛すべきふるさとと心に決めた瞬間がどこかの時点であったに違いない。それは新聞人の責任感であったかもしれないし、民権記者の意地だったかもしれない。

北國新聞

北國新聞發刊之辭

死

北國新聞の創刊号。すべての始まりであり、萬次郎の人生の集大成でもある。発刊の辞に続く「死」と題したコラムに覚悟がみてとれる

初めて大阪に行って、自らの新聞「内外新報」を築いた時の決意が思いだされる。「わが事業をはじめたるは不景気のとき」と萬次郎は記している。嵐の中で戦う積極性こそが強い組織を育てる力になるというのである。

19歳で信州を出て、日本各地を歩いてきた萬次郎が31歳になって初めて骨を埋める覚悟をした土地、自分の「ふるさと」を見つけた瞬間を明治26年8月5日の北國新聞創刊号の紙面に見るのである。

森羅万象の案内者

良心に従い党派外に卓立す

1893（明治26）年8月5日の「北國新聞」創刊号で赤羽萬次郎はいくつかの宣言をした。

一つは「実業界だけでなく教育、兵事、宗教、文学、技芸その他あらゆる社会の森《しん》羅《ら》万《ばん》象《しょう》の案内者となる」こと。現在の新聞なら普通のことだが政治記事に偏っていた明治の新聞としては画期的な編集方針だった。

二つ目が「党派心ばかりで公平心なき新聞」からの脱皮だった。10代で新聞界に身を投じ、時にライバル紙と争ったのは自由平等と正義、大衆の生活向上と近代国家確立のためだった。しかし、目標は刻々と前進し、党派性が変化していくのを見れば、柔軟な対応と自己変革が必要なことを理解するのも早かった。

とりわけ政争の激しかった北陸の狭量な党派性を見るにつけ、言論のあるべき姿と自らが求める新聞の姿勢はより明確になっていったのである。「良心に党派はなきぞ、良心の命ずるところに従え」と語り、その思いを2年後に次のようにまとめた。「わが北國新聞は党派外に卓立す」

萬次郎は31歳。健康を害してはいたが気力と情熱があった。「改良、成長、発達、前進」を念頭に新聞は取材、表現ともに新鮮であることを記者に求め、自らも実践した。「まことに日に新たに、日日に新たに、また日に新たなり」が口癖で、新聞人にとっては「日々の紙面が自らを品評するものだ」というのだった。

社員は約30人。社屋は普通の二階屋で、現在の金沢市香林坊の日銀支店から三菱UFJ銀行付近にあった。

創刊期に注目したいのは人材である。後年、金沢市長を務める飯尾次郎三郎《いいおじろうさぶろう》など、以前にいた「北陸新報」から萬次郎を慕って移ってきた者も多かったが、富山の民権

明治30年代後半の北國新聞社屋。現在地に近い高岡町にあった

家・南総一郎や「東京横浜毎日」から金沢に来て後に「富山新聞」編集長となる小泉左右治《そうじ》、同じく「富山日報」編集長になる権藤震二《ごんどうしんじ》、「高岡新報」の主筆となっていく井上江花《こうか》など多士済々の人材が「北國新聞」に集まってきた。

その中でも、国内新聞界を驚かせたのが富山にあった「北陸民報社」から呼び寄せた文芸評論家の石橋忍月《にんげつ》の入社と、憲政の神様とよばれることになる尾崎咢堂《おざきがくどう》の客員論説委員への就任だった。

萬次郎は魅力的な男だったに違いない。が、社の活力は増したものの、給料や家賃の支払いに四苦八苦のスタートだった。

「90歳」はめでたい

歴史をつなぐ女性たち

幕末に生まれて昭和まで生きた偉人は少なからずいる。しかし、その息子娘が平成の世で活躍し、親の生涯を語り継ぐケースはまれだ。親子二代で150年近くの時間と空間をつなぐのは奇跡に近いからだ。

2004（平成16）年、そのまれな人にインタビューする機会があった。赤羽萬次郎の同志だった尾崎行雄（咢堂＝1858～1954）の三女・相馬雪香さんである。この時94歳（08年死去）。難民を助ける会の会長で父の尾崎を記念する憲政記念館の財団副会長を務めていた。

まず、尾崎が明治27年に客員論説委員として「北國新聞」に書いた社説「立憲国民の一大責任」を読んでもらうと「人間って長く生きていても同じことを言ってるわね」と懐かしそうに笑った。

咢堂も20歳で慶応義塾の恩師・福沢諭吉の推薦をうけて「新潟新聞」に赴き編集長を経験している。「父の政治活動はもともと西の藩閥政治に対抗するものだったからどうしても行動は東国(北信越)に向いたのでしょう」と金沢とのつながりを解説した。

取材に立ち会ったのは東京でワタリウム美術館を経営する和多利《わたり》志津子さん（小矢部市出身で当時71歳・12年に死去）だった。越中改進党の基礎を築き「富山日報」の社長も務めた代議士・大矢四郎兵衛の曽孫《ひまご》にあたる。

「富山日報」と「北國新聞」は交流があった。萬次郎が主筆で尾崎が客員論説委員。大矢は富山の同志だった。砺波にある大矢の銅像には、尾崎の筆による一文が残っている。その大矢の下で政治活動を始めたのが松村謙三（旧福光町生まれ）である。謙三の父は大矢が力を注いだ中越鉄道敷設時の協力者で、謙三も早大卒業後には尾崎が在籍したこともある「報知新聞」の記者をしている。明治から昭和の北陸の言論界をつなぐ一本の糸があることが、相馬さんと和多利さんの話から分かるのだ。
もうひとり明治30年代の「富山日報」には名物記者がいた。佐藤紅緑《こうろく》という。後に小説家となるが、「九十歳。何がめでたい」で知られる作家佐藤愛子さん（94）の父といった方が分かりやすい。愛子さんは紅緑の富山時代の思い出などを記している。

ここにも明治と平成をつなぐ偉大な娘がいる。自らが一世紀近くを生きて、頭脳明晰な娘を残すことは長寿社会の今でも、そうあることではない。90歳は何と言おうと「めでたい」。

憲政記念館で語り合った相馬さん（右）と和多利さん。後ろは尾崎行雄の銅像＝ 2004 年

ビッグスター

富山の「北陸民報」にいた忍月

福岡県八女《やめ》市黒木町。一見、北陸とは縁もゆかりもない土地だが、ここに明治26（1893）年の「北國新聞」の資料が眠っている。創刊3カ月後に入社して赤羽萬次郎を助けることになった石橋忍月（1865〜1926）の出身地だからだ。町に小さな文学資料館があり、郷土出身最大の偉人、忍月を顕彰している。

石橋忍月は明治20年代の文学界のスターだった。東京帝大で独文学を学び二葉亭四迷《ふたばていしめい》「浮雲」の評価を定めたのをきっかけに、森鷗外《もりおうがい》と「舞姫」をめぐって論争をしたことで知られる。

大学を出て内務省に入った。そこで足取りが一時消える。今日でも多くの文学史年表は空白になっている。一般的には東京から直接「北國新聞」に来たことになっている。ところが、明治26年3月、富山に設立された「北陸民報社」に編集長として来ていたのである。高級官僚を辞めて富山に来たのは、上司の娘と結婚したものの離婚、東京に居づらかったと推測されている。

「北國新聞」の創刊以前から、赤羽萬次郎は忍月が富山にいることを知っていた。何らかの交流もあったことは後に書かれた記事などからも分かる。

創刊期に精魂使い果たしたのか病が進んだ萬次郎は、自分の代役をできる人物として忍月をスカウトしたのである。紙面100号記念を前にした明治26年11月。「文壇のスター」の入社を伝える社告が1面トップを飾った。「文学、小説、政治、経済、法律に有名なる法学士・石橋友吉君（忍月）を招いて編集の顧問とす」。

創刊の辞で約束した「森羅万象の案内人となる」を、芸術・美術・法学にまで詳しい忍月を招くことで具体化してみせたのである。

21世紀の八女市黒木町に話を戻そう。資料館には忍月が金沢で育てた友人らとの記念写真があった。後に電通を創立する権藤震二、桐生悠々の若き姿である。そしてもう一人は、編集責任者となる得能文《とくのうぶん》（富山出身）とみられる。この写真の貴重さは恐らく北陸の研究者にしか分からないだろう。

忍月は長く資料館唯一の看板スターだった。が、平成になってから、2人の黒木町出身有名人が登場した。宝塚スターの黒木瞳さんと直木賞作家の安部龍太郎さんである。忍月の人気もこの2人には勝てない。歴史的な意味を独り静かに語り続けている。

金沢時代の記念写真。右後ろが忍月、その前が桐生悠々で、前列左は権藤震二。もう一人は得能文か

イケメン記者

兄の後を追う革命児

一枚のイラストがある。かなりのイケメンだ。明治初期の青年とは思えないスマートさが漂ってくる。北國新聞社の2代目社長となる林政文、27歳の横顔である。描いたのは黒田清輝《くろだせいき》（1866～1924）。中国遼東半島の戦場でのスケッチだった＝67ページ参照＝。

日本洋画壇の父と呼ばれる偉大な画家と、無名の若い記者との交流は本書後半のハイライトになっていくのだが、いったん林政文の少年期に戻ろう。

政文は1869（明治2）年、信州松本に生まれた。赤羽萬次郎の8歳下の弟である。次男と三男の二人は実家の小木曽家から養子に出て、それぞれ名前が変わった。

兄の萬次郎が民権記者を目指して松本を出たころ、政文はまだ11歳かそこらである。政治に目覚めるには幼かった。しかし血は争えない。やがて兄を追うように東京に出て英語を学び、高等商業（現・一橋大）に進んだ。そこまでは順調なのだが、校長排斥ストライキに参加して放校処分（明治25年1月）となり、中国大陸を放浪した後に新聞記者を目指すようになる。

経歴からみて分かるように政文は当時としては貴重な教養を身につけていた。外国語と経済学。そして反骨心の強い青年だったことが推測される。ここに、普通の人生では終わらない男の波乱の生涯の予感がするのである。

北陸の読者にお目みえするのは兄が創刊した「北國新聞」の第一号だった。信州松代が生んだ幕末の風雲児「佐久間《さくま》象山《しょうざん》」の伝記連載をスタートさせたのである。

後に東京の出版社から刊行されたが、奇人変人扱いされた佐久間象山を維新の推進者として正しく描きたいと始めた連載である。勝海舟や吉田松陰とも深くかかわった象山だが、当時の評価は二分されていて本格的伝記はほとんど書かれていなかった。

尊皇攘夷《そんのうじょうい》だった象山の思想が開国主義に転じていく姿を伝えるため、政文は視野を海外にまで向け、兄と同じ「東京横浜毎日」に入社した。

勝海舟伯題辭
渡邊國武君序文
林政文君著
佐久間象山
發賣所　開新堂

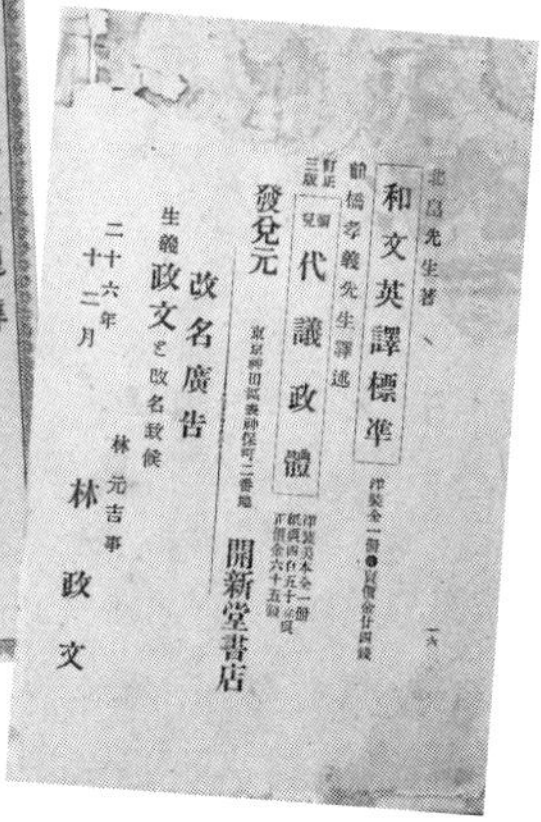
北畠先生著
和文英譯標準
高橋孝義先生譯述
代議政體
發兌元　開新堂書店
改名廣告
生義政文と改名致候
二十六年十二月
林元吉事　林政文

黒田清輝の描いた政文とデビュー作「佐久間象山」。勝海舟が題字を書いている

明治26年。日清戦争が近づいていた。明治国家は藩閥体制の尾をひきずりながらも、世界に船出する時期を迎えていた。外国語。経済学。近代的な報道力。時代の求めるものが政文に備わっていた。フランス留学から帰ったばかりの画家・黒田清輝との出会いが待っていた。

日清戦争従軍

腰に日本刀をさした記者

日本刀を腰にさしている者、銃を背負った者。野武士か山賊の風体だ。「新聞記者懇親会」の看板がなければ、これが何者なのか分らない。日本の各新聞社が中国大陸に派遣した日清戦争従軍記者たちの姿なのである。

中央で独り柱にもたれて遠くを眺めている青年が「東京横浜毎日新聞」の林政文である。4年後に兄・赤羽萬次郎の死を受けて「北國新聞」の第2代社長になるが、このころは金沢は眼中にない。視線はアジアに向いていた。

日清戦争は1894（明治27）年8月1日に宣戦布告がされたが、それ以前に戦闘は始まっていた。眠れる獅子と呼ばれた大国の清国に、維新から四半世紀しかたって

日清戦争従軍記者たちの記念写真。明治 28 年初めごろか。中国遼東半島の金州。中央後ろ、柱にもたれているのが林政文

いない小国が挑んだ戦いは日本人に初めての「愛国心」を目覚めさせた。

大陸への「侵略」などという意識も当時はほとんどなく、作家の国木田独歩《くにきだどっぽ》や俳人の正岡子規《まさおかしき》ら全国66社から114人が従軍記者として大陸に渡った。「文筆業」としての記者の位置や役割が、当時と今では大きく異なっていたのである。

「東京横浜毎日」からの特派員は政文1人ではなかった。後に「北國新聞」に来て「富山日報」に移った権藤震二。萬次郎が亡くなった後に北國新聞社を支えた肥塚龍（東京府知事、のちに衆院副議長）などの大物記者も派遣されている。

さらに、権藤と共同で「電通」を創設する「福岡日日新聞」の光永星郎《みつながほしお》＝写真右端、熊本出身＝らもいた。戦地で出会った連帯感から後に個別のグループが生まれていく、新聞界の人脈形成を知る一枚である。

当時は写真電送の技術がなかった。そこで画家の出番となる。戦場で見たものをスケッチして新聞社に郵送するのである。現在では考えられない大物画家がやって来た。フランス留学から帰国したばかりの黒田清輝や浅井忠、山本芳翠ら。

黒田が契約したのはフランスの週刊紙「ル・モンド・イリストレ」（現ル・モンド紙とは別）だった。同業・英紙のライバルには風刺画で有名なビゴーがいた。日清戦争が世界から注視されていたことが分かる。

巨匠たちのイラストが載った欧州紙は、いまや戦史研究よりも美術史の教材になっている。フランスまで行かなくても横浜開港資料館や国会図書館で簡単に見ることが出来る。これも隔世の感、というものか。

巨匠はメモ魔

黒田清輝と気が合う

「昨日より仲間が一人増えた。その人は東京毎日新聞の林政文氏なり」。1894（明治27）年12月28日付。当時、中国遼東半島の金州にいた画家・黒田清輝の日記である。日清戦争の従軍記者となった政文が大陸に入ったのは開戦の年の晩秋だったことが分かる。日本軍は旅順を占領、近くの金州に陣をかまえ記者や画家もここを取材基地にしていた。

黒田が3歳上。30歳前の二人は気が合ったようだ。黒田の日記にはしきりと政文の名が登場する。

「今朝、林政文君と戦死者の墓を弔い、その墓所の図を写す。また今日、軍司令部、行政庁などの図をつくる。２枚は林君のため」（明治28年1月2日）。「昨日書いた画を仕舞い林君に渡す」（同8日）。「山本（芳翠《ほうすい》）、林の二人と西門の方まで散歩」（同13日）。「林君と市にでて郵便局に寄る」（同15日）。画家はメモ魔でもあった。

墓地の画は明治31年1月になって「北國新聞」の紙面を飾っている。政文の「軍に従いて金州にあり。丈夫涙なきにあらず。黒田氏また涙くだる」との記事がそえられている。明治美術史のなかでもほとんど知られていない意外なエピソードである。

「黒田日記」は美術史の中では一級資料である。が、絵画とは関係のない記述もある。後年の１９１５（大正４）年４月のページには「東京駅で小幡氏と出会う」との記述がある。加賀藩出身で軍艦設計を学ぶためにフランスに留学した小幡文三郎のことである。

黒田と小幡は留学時代の友人で帰国後も交流があったことが分かる。小幡は旧金沢第十二国立銀行（現・北陸銀行の前身のひとつ）頭取を務めた小幡和平の長男だ。明治画壇の大御所・黒田清輝は記者ばかりでなく北陸の金融界人脈にまでつながってい

黒田清輝が林政文に贈った戦争画。金沢の子孫から東京国立博物館・黒田記念館に寄贈された

たようで興味深い。

記録の少ない林政文の青春像は「黒田日記」のおかげで知ることができる。思い出されるのは兄の赤羽萬次郎の若き日も「田中正造日記」に詳しく描かれていることである。

萬次郎と政文の兄弟はともに30代で散った。しかし、その短い人生で出会った明治の偉人たちに「この男のことは書きとめておきたい」と思わせる何かが、二人にはあったように思う。それを「人間の魅力」というのかもしれない。

紙面を変えた戦争

台湾で浅野財閥と出会う

大陸の酷寒に難儀しながら従軍記者・林政文が戦地情報を送り続けていた1895（明治28）年1月、兄・赤羽萬次郎は小康を得て「北國新聞」の編集現場に戻ることができた。

日清戦争が始まって以来、紙面は変わり始めていた。前年7月、朝鮮半島仁川に上陸した第三師団には金沢の七連隊（九師団の誕生は日清戦争後）が組織されていたこともあって地元紙の戦地情報への関心が一気に高まった。

そのため紙面は読みやすくする改善が進んだ。それまではほとんどなかった「見出し」が増えた。あるいは、記事の重要な部分だけ文字を大きくするなどの「ビジュアル化」が進んだ。

一方、当時は昭和の戦時期と異なり、のどかな空気もあった。社主の萬次郎自らが町の有志と同じように社告を出して「禁酒（戦争が終わるまで）」を宣言している。萬次郎は意外な「呑兵衛《のんべえ》」だったのか？と思わせて少々愉快である。かと思えば新年宴会の光景が掲載されるなど、暮らしの中には戦争と平和が混在していたことがわかる。

正月が過ぎて明治28年3月、日清戦争は日本の勝利に終わったが、この戦争には第2幕があった。清国《しんこく》が台湾を日本に割譲したことで日本軍は南へ移動。林政文も従軍記者として台湾に渡る。28年5月のことである。

当時の台湾は「未開の地」で、清国も持て余し気味だったといわれる。ゲリラ的な戦いも絶えなかった。しかし、政文の冒険家としての血は騒いだ。各地を探訪して次々とリポートを送り始める。元々、信州に生まれて林業への関心は深く知識もあった。政文は台湾の樹木や植生の実態を知ると、記者の仕事から実業家への野望が芽ばえた。

日本財界にも台湾を新しい市場と考える者が出始めていた。氷見市出身の浅野総一郎がその一人だった。記者の林政文と北陸の経済人との意外なつながりが台湾で生まれた。政文は富山出身者らが中心の合資会社に入って商才を発揮、とうとう支配人にまでなるのである。

途中、東京に帰ることもあったが、すぐ台湾に戻り、樟脳《しょうのう》や製糖事業にかかわっていく。そのまま行けば政文は、国策に乗った野心的な経済人になっていたことだろう。が、運命はそうさせなかった。明治31年の秋も近いころ、兄・萬次郎危篤の報を受けて急きょ金沢に向かうことになった。

氷見市に建つ浅野総一郎の像。記者・林政文と意外な接点があった

三十七　歌にも句にもならず

明治30（1897）年6月のある日、一人の青年が金沢広坂新坂の赤羽萬次郎宅を訪れた。横山源之助《げんのすけ》（1871〜1915）である。「日本の下層社会」で知られる社会派記者で魚津出身。かつて萬次郎がいた「東京横浜毎日新聞」に席を置いていた。全国取材の途中に先輩宅を訪問したのだった。

「一夜、北國新聞主筆赤羽萬次郎を病床に訪えり」で始まるルポには北陸の慈善家として小野太三郎《たさぶろう》が登場する。幕末期から窮民救済を続けた人である。

萬次郎は「金沢に三人物あり」と話している。小野太三郎、歴史家の森田柿園《しえん》。そして宗教家の雪門《せつもん》禅師だ。雪門は富山の国泰寺から金沢に来て卯辰山の庵で鈴木大拙や西田幾多郎の師となった禅僧である。

結核が進んで自らの死を悟ったのか、30歳を越えるころから萬次郎の交友は宗教、歴史関係者が増えていく。その一方、未来を託す若者との交流も大事にした。後輩の横山源之助の訪問をよろこんだのは死の1年3カ月前のことである。

そのころから歌を始めた。紙面で育てた国文学者で9歳下の藤岡作太郎が京都に旅立つ前に萬次郎を見舞った時のこと。帰ろうとする作太郎を萬次郎は何度も引き止めたという。「ただ床で横になっているばかり、耐え難い思いを三十一文字の上に晴らしたい。だれか師を選んでほしい」というのだった。

「あなたほどの人の歌を直す者はいませんよ」と言って別れた作太郎のもとに萬次郎の訃報が届いたのはその20日後。「かねて覚悟はしながらも、死ぬとて歌の師をもとめんや…」と作太郎は絶句したという。

明治31年9月20日。享年36。数え年で37歳だった。「三十七、歌にもならず句にもならぬかな」と詠み、幼い息子2人を残して萬次郎は逝った。

創刊号で「北陸の発展に尽くす」と約束してから6年目だった。情熱を傾け続けた北陸線が同年4月に金沢まで開通しているのは見届けたが、富山を通り直江津にのびて信濃路とつながるのにはなお十数年の歳月が必要だった。「こころざし半ば」は北國新聞社も同じ状況だった。後継が決まっていなかったからである。が、台湾から呼んだ弟の林政文を次期社長とし、民権記者仲間で「東京横浜毎日」幹部である肥塚龍が金沢に来て事実上の指揮をとることになった。「北國新聞」最初で最大の危機は回避された。

天徳院にある赤羽萬次郎の墓。信州・松本を出て17年。金沢の土となった

明治の画家たち

鏡花「デビュー作」を彩る

1898(明治31)年9月、赤羽萬次郎が亡くなり弟の林政文が後を継いだ。創刊者が紙面の指揮をとったのは、わずか5年余である。しかし「強い基盤づくり」は、時間の長短では測れない。新社長が登場するまでに、萬次郎が育てた人材を紹介しておきたい。

写真印刷技術がなかった当時の新聞には「絵師」と「彫り師」の存在が大きかった。絵師は浮世絵ふうの風俗画を描き、彫り師はそれを版木にした。一人二役の場面もあった。火事が起きれば手書き地図が記事に添えられた。読みやすい紙面にイラストが欠かせないのは今と同じである。

創刊当初から活躍した絵師に宮嶋恒信《みやじまつねのぶ》がいる。幕末生まれで仏像や能面を彫る彫刻家だった。廃仏毀釈《はいぶつきしゃく》で仏像の注文が減ったためか新聞社の専属絵師になった。特筆すべきは明治28年に泉鏡花が初の北國新聞での連載小説「黒猫」を開始したときに挿絵を担当したことである。鏡花の挿絵といえば鏑木清方《かぶらききよかた》や小村雪岱《こむらせったい》が有名だが、地元に鏡花の挿絵を手がけた絵師がいたことはもっと研究されてもいい。

恒信は明治の風俗画も得意として新聞のカラー付録をよく描いた。横浜の日本新聞博物館のポスターになったこともある。

大正画壇に名を残す北野恒富《きたのつねとみ》（１８８０～１９４７）は、恒信の後輩である。やはり彫り師から絵師となり、大阪にでて独自の美人画を描いて寵児となった。時代は遅れるが「北國新聞」から育った絵師である。

萬次郎が健在だったころの画家としては山本光一《こういつ》（１８４５～１９０９）がいる。幕末の江戸生まれ。琳派《りんぱ》の正統を継ぎ明治初期には既に名を成していたが、明治24年ごろ金沢に来て創刊間もない「北國新聞」にも絵を寄せるようになった。萬次郎と気が合ったらしく「社友」にもなっている。

当時は各地を旅して、気に入った所に逗留《とうりゅう》しながら制作を続ける画家が多かった。光一もそのひとりだった。金沢時代の門下には、旧福光町から来た石崎光瑤《こうよう》がいる。光瑤は後に京都に出て大家として名を残すが、最初の師が光一である。明治29年に「北國新聞」が創刊1000号を迎えた時の記念画を描いた後に再び旅に出たらしく、光一の晩年はよく分かっていない。

今に続く北陸の美術文化は、萬次郎の審美眼が土台になっているともいえるのである。

宮嶋恒信が描いた北國新聞 1903（明治 36）年元日号付録「新年寿語録」

作家の参考書になった新聞

新聞を作っている者にとっては、涙がでるほどうれしい日記がある。「身を清めて新年を祝う。酒を酌み、雑煮を祝い、初刊の北國新聞を見る。付録は美人画。記事多し」（明治39年元日）

加賀象嵌《ぞうがん》の職人で後に石川県無形文化財保持者に指定された米沢弘安《ひろやす》の日記である。1887（明治20）年、金沢生まれの弘安は19歳の時に日記を書き始めた。先の一文はその最初の一行である。

驚くのは1972（昭和47）年に亡くなるまで六十数年間、ほぼ毎日書き続けたことである。2年目の明治40年の正月も新聞のことから始まる。「北國新聞の初刊が来た。

鶴の美麗なる絵付録がある。挿絵は雪中の松、鳥などたくさん」。翌年も、その翌年も。若き弘安は「北國新聞」と付録や挿絵について日記を書き始める。さらに、日々の仕事を終えると新聞の付録絵の切り抜きと分析が日課で、寝る前に思うところを日記に残す。

「北國新聞を見て思いつきし、兎の文鎮をろうで作ってみた」「北國新聞の挿絵にあった巳の神を粘土にて薄肉に作る」。小学校を出てすぐに働き、師匠といえば父親だけ。新聞についてくる著名な画家の挿絵や正月号のカラー付録は若手職人の大切な教材だったのである。新しい時代の新しい感覚を磨きたいと願う明治の若者たちの心意気が滲《にじ》む。

2004年、金沢市教委が全4巻、2250ページに及ぶ「米沢弘安日記」を刊行した。地味な文化事業ながら100年後にも残る仕事だった。当時、監修に当たった金沢美大教授の中川衛さん（彫金人間国宝）は、日記の意義を3点挙げた。作品の幅が広く香炉、箸、ふすまの取っ手、文鎮、指輪、かんざしなど、維新期に途絶えそうになった技が生きている。他分野の工芸作家と助け合い競い合ったこと。謡曲や茶道に時間をかけて制作に生かしたこと。加賀の工芸はこうして伝わった。「北國新聞」の紙面に初めて写真が掲載されるのは日露戦争後の１９０６（明治39）年4月10日付の紙面からである。前田侯爵夫妻の金沢入りの顔写真だった。

弘安は日記を残した理由を語っている。「著名な作家のことは誰かが書く。しかし、私のことは私が書かなくて誰が書くか」。地元紙に生きるわれわれの心にも響く言葉である。明治の新聞は様々な形で人を育てた、と言えばおこがましい。新聞もまた読者に育てられてきたのである。

北國新聞 1910（明治 43）年元日号付録で上村松園が描いた絵

新社長　ひんぱんに上京

「北國新聞」を受け継いだ林政文は、台湾の事業から手を引き、東京から妻子・養父らとももども金沢に居を移した。1898（明治31）年、兄の葬儀から1カ月後の10月22日付に入社の辞を掲載して、新社長は読者にあいさつをした。

「北國新聞は兄萬次郎のただ一つの遺品である」としてこう述べている。「兄在世の時、縷々書をもって予を招く。予、ときに異邦にあり」と、後継を受けた経過から述べる。

「病気の進んだ兄は、何度も手紙をよこして、後継を受けるように言ってきた。しかし、自分は台湾にいて日本の新聞経営などには関心がなかった。私はまだ徳薄く、学も浅い。その任に堪えることもできないが、長年自分を支えてくれた兄の遺言と、兄に寄せられた北陸の人々の恩に報いるためにも、決意した」と。

そして抱負を示す。「北國新聞の主義、綱領、社会に対する姿勢は兄の路線を踏襲する。だが、日進月歩の今日にふさわしい改良を紙面には加えたい」。

これらのことから、政文が二代目社長就任を受けたのは、兄・萬次郎の強い遺志と、家族や社友からの勧告に近いほどの要請があったことが分かる。

アジアに目を向けていた国際派記者の政文には多少の未練と、引き受けた以上は新聞発行に全力を傾けたい、との矛盾する気持ちが隠しようもない、どこか「複雑な宣言」でもあった。ともかく、それまでは4ページだった紙面を6ページに増やすなど、意欲的な経営をスタートさせた。

しかし、その決意表明のわずか数カ月後、新社長の政文は理由も告げず、しばしば謎の上京を繰り返し金沢から姿を消すようになった。

明治31年12月17日に上京、翌32年1月8日に帰宅。2月23日にまた上京、帰ったのは3月18日。さらに4月5日に再び姿を消し、同25日ごろまで20日間も会社を空けた。そして6月5日。これが「最後の出張」となる。この日を境に林政文は二度と金沢の社員家族の前に姿を現わすことはなかった。

期待し、留守を守り、だまって高額の旅費を出し続けた家族や社員は、ただ困惑するばかり。厄介な新社長であった。

東京でだれと会い、何をしていたのか。

7月末。突然、驚愕の一報が金沢に届く。

明治三十一年十月廿二日

年中無休刊

北國新聞

入社の辭

開業御披露
和洋雑貨たやすうり
鹿景呈上
笠間商店

入社之辭

林政文の入社の辞の原稿と、掲載された明治32年10月22日付の北國新聞

東京での密会

亡命中の孫文と出会う

林政文が東京で会っていたのは亡命中の孫文だった。金沢の「北國新聞」の新社長が、なぜ中国建国の父とよばれる革命家と会うのか。

日清戦争前から中国大陸の各地を歩き、台湾にも渡った国際派記者の政文は「アジア革命」という途方もないスケールの国際政治に足を踏み入れていたのである。

孫文（１８６６～１９２５）は中国広東省生まれ。ハワイにいた兄の元で少年期を過ごし、18歳で帰国して革命運動に入った。日清戦争が終結した１８９５年、清王朝打倒へ最初の挙兵をしたが失敗。日本に亡命する。以来、入出国を繰り返し、犬養毅が後ろ盾となっていた宮崎滔天《とうてん》や平山周《しゅう》らと交友していた。その「アジア解放」を目指すグループに林政文が加わったのである。

孫文と林政文が初めて顔を合わせたのは、いつどこだったのか。政文の行動を詳細に追跡した森英一金大名誉教授によると1899（明治32）年4月24日ごろ。長野県選出の代議士・中村弥六《やろく》の東京宅だったとみられる。政文が頻繁に金沢と東京を行き来していた。

このころ、中村を中心にしてある計画が進んでいた。中国革命を目指す孫文がフィリピン独立運動を優先させる、との大胆な作戦転換を持ち出して、中村ら日本の支援者たちを説得していたのである。

当時のアジア情勢を知らなければこれは理解できない。「フィリピン独立」と「中国革命」を連動させるアジア同時革命論だった。この複雑な作戦を「アジアは一つ」「アジア人の団結」と、孫文は政文に説いたとみられる。

金沢から出てきた林政文と孫文の交流を示唆する証拠に一枚の名刺がある。政文の孫にあたる林政重さん（東京在住・2010年に死去）が、亡くなった金沢の祖母（政文の未亡人）のタンスから見つけたものである。

昭和も終わるころ「金沢の実家に帰り引っ越しの手伝いをしていて偶然見つけた。何か運命を感じた」と話していた政重さん。それまで特に関心のなかった祖父・政文の若き日の研究にのめり込んでいく。名刺とみられる紙切れには「孫文　孫逸仙」と書かれている。本物かどうか鑑定したことはないというが、林家に残る政文の遺品のなかでも、明治のアジア革命史を物語る重要な一品である。

中国建国の父と呼ばれる孫文

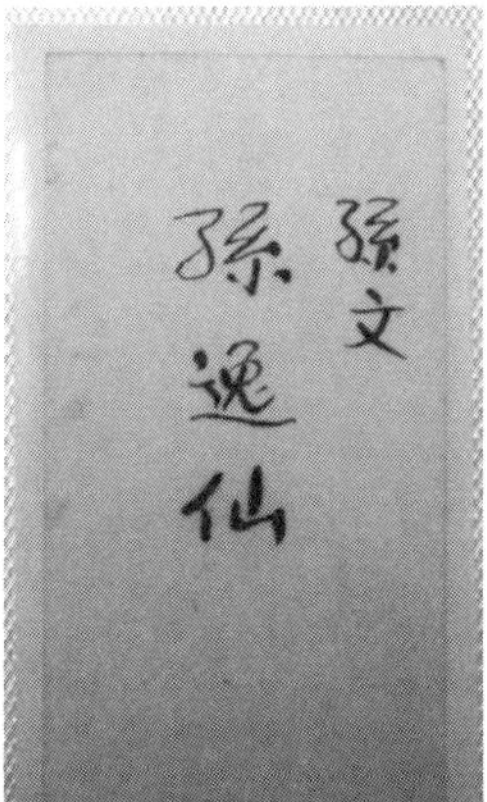

林家には今も「孫文の名刺」が残っている

高山右近伝説

フィリピンに親近感

孫文がフィリピン独立戦争に肩入れしたのは、それが中国革命への近道だと信じたからである。が、中国革命の旗の下に集まった日本のメンバーまでがフィリピン革命に加わったのはなぜか。日本側にフィリピンの窮状と歴史への理解がなければ、この奇策も幻となったに違いない。

明治中期の日本人がフィリピンに親しみを感じていたと思わせるエピソードがある。19世紀後半から話を進めたい。

長くスペインの植民地だったフィリピンに独立運動が起きる。指導者はホセ・リサールという医師で作家の天才だ。国民的英雄で日本にも来た。リサールに会ったのは民権記者の末広鉄腸《すえひろてっちょう》だった。鉄腸はリサールをモデルにした小説「南洋之大波瀾」を発表。その中で、リサールをキリシタン大名・高山右近の末裔《まつえい》にして描いた。加賀からマニラに流された藩政初期の右近伝説が、明治の大衆小説の下地になっているのである。さらに作家の山田美妙《びみょう》がフィリピン革命を小説化するなど出版界にちょっとしたフィリピンブームが起きた。

リーダーのホセは帰国後に処刑されたが、逆に運動に火がついた。次いでアギナルド将軍が登場。米国と組んで独立に成功したと思ったのもつかの間、今度は米国が新たな支配者となって両国の関係は悪化、真の独立を求める勢力が、米国と戦闘状態に入っていた。

日清戦争前後はアジア全体が激動期でもあったことが分かるのである。

1898（明治31）年。アギナルド政権が武器調達のため東京に密使を送った。軍資金を抱えて来日した革命委員会のマリアーノ・ポンセは、亡命中の孫文と会う。孫文にはひらめくものがあった。「中国革命を成就させるには、まずフィリピンの独立

17 世紀に流された高山右近像が立つマニラ。意外な形で 19 世紀に登場する

を援助する」。長野県選出の代議士・中村弥六が間に入って、同志だった「北國新聞」の社長・林政文らに計画を持ちかけたのである。対米関係を考慮して政府は表立った支援行動はできなかった。民間グループを陰で応援したのである。

20世紀の流れから言えば、日本の行動は帝国主義的南進策の一つになるだろうが、当時はそれだけでは説明しきれない国際感覚があった。太平洋戦争のはるか以前、明治の大衆社会には「アジアは一つ」の意識が意外な形で生きていた。右近伝説はその分かりやすい一例かもしれない。

日比谷公園

「アジア革命」夢の跡

都心の日比谷公園はアジア革命の匂いがする。日・中・比3国。19世紀末の時を刻む不思議な空間である。

一角にフィリピン革命の英雄ホセ・リサールの銅像が立っている。道路を隔てた高層ビル付近は孫文が亡命中に住んでいた家があったという。公園内に建つ松本楼は孫文の金銭的な支援者で知られる梅屋庄吉ゆかりのレストランだ。一帯は革命の夢の跡である。

1898（明治31）年、フィリピン革命委員会のポンセが日本に兵器を買うための軍資金を運んできた。それが中国側・孫文の革命資金と一つになった。では、孫文の金はどこから出たのか。梅屋庄吉がパトロンだったとされている。

梅屋は上海の写真館経営者で、映画事業も手がけて財をなした。孫文の革命運動に共鳴して援助を続けた。ポンセと出会った孫文がフィリピン独立運動を中国革命よりも優先させると言い出したとされるが、その奇策の元に金銭的なパトロン・梅屋庄吉がいたともいう。

日本側では大隈重信―犬養毅ラインからの機密費が孫文グループを支援。このあたりの事情は宮崎滔天の自伝にもあるが、表に出て動いたのが信州の代議士・中村弥六だった。林政文と同郷で若いころからのつきあいである。日本・中国・フィリピンの三者連合の狙いはひとつ。日本から銃や大砲などの兵器をフィリピンに送りこむことである。

20世紀を直前にした日清戦争と日露戦争の間の10年はめまぐるしく動いていた。日本政府は対ロシア戦略から味方につけたい米国への配慮もあった。船と兵器の調達は民間でもできるが、外交的にアメリカを刺激したくない。難しいフィリピン支援策が始まった。

三井物産から購入したのは約１４５０トンの「布引丸《ぬのびきまる》」である。調達したのは銃１万丁と弾薬５００万発、砲１門、機関銃10丁。総指揮をとった中村代議士の縁で運搬実行隊長は林政文にきまった。しかし、船はオンボロ中古船。銃は日清戦争時の旧式。これが後に大問題となる。林政文は知っていたのかどうか。

船出の前に、金沢の家族に「８月５日には帰る」と電報を打っている。奇しくも社長として初めて迎える「北國新聞」の創刊記念日である。生きて帰るつもりだったのであろう。

東京の日比谷公園内にあるホセ・リサールの銅像。来日時に泊まったホテルがあった場所とされる

布引丸出港

中古船に古い兵器積み

「8月5日には帰る」と金沢の家族に出した林政文の手紙は、明治32（1899）年6月26日付だった。こう書かれている。「中村とともに毎日毎夜奔走しおりこと、九分九厘まで成就し大いに喜びおり候《そうろう》。明後日かその翌日には九州までこの要件のため西下すべく候」。

中村とは長野県の代議士・中村弥六のことだが「要件」に関しては説明がない。手紙を受け取った養父の林政通《まさみち》も事前知識はなく、理解不能だった。政文は続ける。「委細は帰宅の上お話申すべく、ともかくも男児一必※の事業に御座候」（一代※との説もあり）。30歳を超えたばかりの記者が、一国の独立運動を助けるために兵器を集めた。

明日は船出だ。その興奮が伝わって来る。

6月27日か28日には東京をたち陸路で神戸へ。修理中の船を受け取るためだった。今の新幹線新神戸駅裏手の六甲山ふもとには船名になった「布引の滝」がある。平安期以来の神滝として名所だ。政文はその瀑布に革命成就を祈願したのかもしれない。神戸出港は7月13日。同15日には門司港で手配の兵器を積み込み長崎へ。心配された税関の手続きも完了。いざ出港となったのは明治32年7月19日朝だった。

「布引丸」甲板で記念撮影をすることになった。総勢39人。不思議なことだが、密命をおびた兵器運搬船に姓名不詳の「乗客」が1人乗船していることだ。2班に分かれて撮影。中央に林政文と中村代議士が並んで座った。

しかし、金沢への便りにあった「西下」の表現を信じれば、林政文の行動は長崎までで、フィリピンまで行く計画にはなっていない。逆に、長崎で不可解なことが起きた。総指揮官を自認して自らフィリピンまで乗船すると言っていた中村代議士が、持病の悪化を理由に長崎で船を下りたのである。「隊長交代」なのか、それとも政文が「臨時隊長」に昇格したのか。これが後に様々な憶測を呼び、スキャンダルとなる。

三井物産から購入した「布引丸」は建造25年、当時としては老朽船だった。大倉商会が手配した武器銃弾は日清戦争時に使われたもので、後に警視庁の聴取に「真ちゅうを再利用するための廃品」との趣旨を答えたという。危ない中古船と使い物にならない兵器。仮にそれが真実だとしても後の祭りだった。

林政文は国際記者からアジアの革命家となって東シナ海に乗り出した。

平安期以来の名所「布引の滝」。船の名前もここに由来する＝神戸市

革命いまだ成らず

上海沖で船は沈んだ

林政文の乗った「布引丸」が長崎を出港した1899(明治32)年7月19日。午前9時ごろまでは晴れていたという。しかし、翌20日には大しけとなった。台風に巻き込まれたのである。ちょうど119年前の夏のことである。

荒れ狂う東シナ海。救命ボートが1隻流されてしまった。翌21日の朝になると浸水が激しく全機関停止。船体は傾き、もはやこれまでと、全員が救命ボートに乗り移ることになった。午前11時ごろだったという。

外交史料館に残る公文書によると、1号艇は船長ら15人。3号艇は機関士とフィリピン人ら13人。4号艇は二等運転士ら11人。全員が離れた約20分後に「布引丸」は波間に引き込まれ、海の藻屑《もくず》となった。暴風と戦うこと一昼夜であった。

１１９年前の貨物船遭難の経過が、現在これほど克明に分かるのには二つの理由がある。１点目は生存者がいたこと。２点目はこの事件が日米間で問題化したために、当時の外務省が詳細を調べ、公文書として外交史料館に残したからである。いまも自由に閲覧できる。

調査の柱は生存21人からの証言である。３隻の救命ボートのうち３号艇と４号艇は外国船などに助けられた。しかし、船長と林政文が乗ったとされる１号艇は何日たっても発見されなかった。

政文は救命ボートに乗らなかったとも言われている。「この船はただの輸送船ではない。フィリピンの同胞の運命をかけた兵器輸送船だ。兵器をおいて帰れるものか」とボートに乗り移るのを拒否したというのだ。

外務省の調査とは別に中村代議士が遭難後に調査した記録があり、政府調査とは人数や証言には違いがある。北國新聞社が１９４２（昭和17）年、当時の主筆・鴨居悠

布引丸の写真。救命ボートが4隻並んでいる＝政文の孫・林政重氏所有

が執筆した「林政文と比島」には政文の最期をこう記している。

「自分のように国に身をゆだねた者は、平和な世に、畳の上で最期をとげるとは思っていなかったが、波濤《はとう》のため、海水に命を奪われるとはまことに甲斐《かい》なし。ただし、これも運命と思えばいたしかたなし」。政文は苦笑いを残して逝ったとの証言である。

戦時中のことであり、林政文の行動は「アジア解放のサムライ」に美化された感は否めない。だが、政文の短い生涯を追ってきた後輩のひとりとしてみると「革命児」の最期はこのようなものではなかったかと思う。

積み荷は石炭？

真相究明は今も続く

林政文が乗った「布引丸」沈没は日本とアメリカの外交問題に発展した。日清戦争が終わって以来、日本は対ロシア政策において米国との関係を良好に保っておきたかった。それが、フィリピンの反米勢力を日本が影で支援していることが分かったのだから困った。

加えて、日本人の独立支援グループがフィリピンで拘束されてしまった。米国側は正確な調査で日本側に迫った。それでも「ただの風評だ」と押し通すしかない。当時の外務大臣・青木周蔵も税関などに注意を促しただけで基本的には知らぬ存ぜぬを押し通し、問題は拡大しなかった。

東京都港区に外交史料館がある。ここには当時の上海総領事から青木外相にあてた布引丸遭難の報告書が多数残っている。船員の証言や沈没の経緯は相当に詳しい。ところが、積み荷に関する記述はあっさりしていた。「石炭6百トン。外に貨物なし」。その簡単さが日本側の姿勢のすべてを表しているように思える。

青木外相宛の報告書には他にもおかしな記述がある。布引丸の目的地は「台湾」。むろん偽装だが「ただし中国沿岸の視察の目的」と矛盾する記述もある。出発地の長崎でも船底に隠した兵器の上にかぶせた木材類が「枕木」で税関を通っている。当時はその記述でよかったのか、真実を隠しているのか。今となっては分からない。

「布引丸沈没」は昭和になって日本軍部の南進策のさきがけとして注目された。ラジオドラマにもなった。北國新聞社の主筆だった鴨居悠は「林政文氏と比島」（昭和17年）を著し、作家の木村毅は小説「布引丸」（昭和19年）を出版した。戦後になっても研究は続いている。犬養毅のひ孫で元国連難民高等弁務官の緒方貞子さん（90）は政治学者としても布引丸事件に詳しいという。

外務省外交史料館に残る「布引丸」遭難調査資料。林正（政）文の以下５人が不明者

国内で「布引丸」沈没を最初に報道したのは「時事新報」の明治32（1899）年7月25日付記事だった。

金沢の家族のもとに遭難の一報が届いたのはその後で、7月25日か26日と思われるが、布引丸に政文が乗っていること自体だれも知らない。社内の混乱は想像するにあまりある。同27日付の「北國新聞」に上海発公報として「中村弥六氏所有の布引丸、21日上海沖で沈没せり」と短く報じた。社長・林政文のことは一切触れていない。

東京府知事から金沢へ

東シナ海に消えた新社長の消息は3年間伏せられた。国際問題に発展した事件とはいえ、異様なことである。1902（明治35）年になってようやく死亡広告が掲載された。

「林政文こと、明治32年所用あり、汽船布引丸に乗り込み台湾に航行中遭難、行方不明となり、以来捜査に従事するも音沙汰なし。今や法定の期限たる満三年の月日経過、死去せるものと認めざるをもって、来たる二十日葬儀をおこなう」（7月17日・趣旨）。

告知の2年前、1900年秋にフィリピン独立政府から林家に感謝状が届いていた。「布引丸」での兵器輸送計画の総責任者だった中村弥六代議士が林政文のことをフィリピンに伝えた。その返礼だった。「独立のため命を捧げたことに感謝します。ましてや他国の為に身を犠牲にした林政文氏。ご遺族に哀悼の意を表す」などと書かれていた。しかし、米国との関係上表に出せなかった。

この間、若き社長を失った「北國新聞」は窮地に陥ったが、赤羽萬次郎の東京時代の先輩・肥塚龍と、後に「富山新聞」の初代編集局長となる小泉左右治の二人が「東京横浜毎日」から助けに来た。経営面は政文の養父・林政通《まさみち》が責任者となった。後に三代目の社長となる人である。

肥塚は1848（嘉永元）年、兵庫県生まれ。萬次郎の15歳上の大先輩だ。僧籍から民権運動に転じて洋学を学び大隈重信と改進党設立に加わった。日清戦争時は、林政文らと一緒に大陸で従軍記者をしながら代議士でもあった。今とは政治制度の違いはあるが異色の経歴の持ち主である。金沢に来る直前までは東京府知事を務めていた。明治41年から44年まで衆院副議長を務めた政治家でもある。

金沢に着任してからは節目節目に筆を執った。「北陸の活性化には七尾と伏木をロシアのウラジオストクと結ぶ貿易港にすべし」（明治36年）などスケールの大きな社説を書いている。

桐生悠々、石橋忍月、藤岡作太郎など郷土ゆかりの人々のことはよく伝わっているが、明治の石川県には肥塚や尾崎行雄ら北國新聞の論説陣に加わったもう一つの大きな言論山脈があったことを記録しておきたい。次は萬次郎ゆかりの富山の言論人の足跡を「米騒動100年」とともに訪ねる。

明治 32 年7月 21 日没となっている金沢市寺町の大円寺にある林政文の墓と、明治 35 年7月 17 日の死亡広告

米騒動100年

井上江花「世界を見る目」

今年・平成30年の夏は1918（大正7）年の「米騒動」からちょうど100年にあたる。米価高騰に抗議した主婦の行動から「女一揆」ともよばれ、時の政権を倒すまでになったのだが、各地でいくつも「一揆」があった中で、なぜ富山の米騒動だけが歴史に刻まれるのか。新聞の歴史をたどってきた視点から見ると「女性」と「世界史」二つの背景が見えてくる。

一点目は「女一揆」の呼称とその伝播力だ。米騒動を「女軍」や「女一揆」と表現したのは「高岡新報」の記者・井上江花（1871～1927）である。金沢に生まれ、キリスト教伝道のため一時は四国の松山にいたが明治29年に帰郷。「北國新聞」の赤羽萬次郎に誘われて嘱託記者となった。

明治33年に「高岡新報」富山支局に赴任。大正期になって米騒動に遭遇した。当時の日本社会はかつて体験したことのない女性台頭の気運があった。その時代の変化を敏感に受けとめる感性を持った記者だった。

次いで「世界史的」な背景が米騒動にはあった。20世紀初頭は新聞が急速に普及、地球は新しい情報網でつながった。1917年のロシア革命は食料を求める女性の行動が発端だった。富山の米騒動が起きる前年のことである。富山の主婦たちがロシア革命を意識していたわけではなかろうが、富山とロシアで似た現象がおきる、それを時代の風というのである。

井上江花が書いている。「露国の革命は、かまどから起こった」と。（ある新聞人の生涯＝河田稔著）。江花は明らかに世界史的な視点で富山の米騒動を見ていた。理解の深さが並外れている。

「高岡新報」と「北國新聞」は井上江花と赤羽萬次郎との関係以外にも交流があった。

後に「北國新聞」の政治部長になり代議士を務めた江川為信（元金沢市長・江川昇の兄）も一時在籍している。「高岡新報」は政府の発行禁止処分を受けながらも全国各紙に打電を続けた。「北國新聞」には「女一揆」の見出しが踊り「金沢米騒動、一千余の大集団、富豪、米商を歴訪す」（8月12、13日）など熱く伝えた。

萬次郎に「記者になれ」と誘われた若き日の江花は「その器にあらず」と断ったという。だが、萬次郎の蒔いた種は20数年後に富山で花開いた。「富山新聞」の前身である「越中新聞」が創立される5年前の話である。

「米騒動発祥の地」の記念碑＝魚津市本町１丁目

「地方は与論の本なり」

「地方は与論の本なり」を貫いて、日本各地で言論活動をしてきた赤羽萬次郎がたどり着いたのが北陸・金沢だった。世界を視野に中国大陸や台湾まで足を運び、アジア革命の夢を抱いて東シナ海に消えた林政文。対照的な二人だったが、重ね合わせると一つの志が見えて来る。いつの時代でもジャーナリストに求められる「地方から世界を見る」姿勢である。

「グローバル＝世界」と「ローカル＝地方」を合わせた「グローカル」の言葉が生まれたのは20世紀になってからだ。幕末生まれの萬次郎と、明治に生を受けた政文は兄弟で一つの「グローカル世界」を築いた。維新期という時代の限界もあっただろう。

短命に終わった人生に未完の悔いもあっただろう。だが、二人とも、明確に未来を見ていた記者だった。

創刊者らしい萬次郎の演説が残っている。「創業の臣は守成に用いず」と題されている。創業者と遺産を継ぐ2代目は役割が違うのであって、能力もまた別のものが必要だと。萬次郎と政文はまさに「創業と守成」の関係だった。

基礎づくりの大切さもよく指摘した。論説「政府の基礎」では、家を建てる時のように政府にも強い基礎がなくてはならないと論じた。あるいは政党が世に必要とされるには強い基盤と目的がなくてはいけないと「政党論」では説いている。政党の乱立と消滅が繰り返される平成の世への警鐘にさえ聞こえるのである。

「北陸の発展に尽くす」と記したスタートの見出しを思い出している。明治26年夏の創刊者の宣言である。125年。その約束をわれわれ後輩はどれだけ守ってきたのかと問う言葉でもあった。

金沢市南町に立つ「地方は与論の本なり」の碑

参考文献

『北國新聞社創刊100年を迎えて』 北國新聞社 1994年
林政武 『緑地帯』 北国毎日新聞社 1941年
辻豊次編 『雲の流れ』「自由と正義の像」記念出版刊行会 1968年
米澤弘安日記編纂委員会編 『米澤弘安日記 上、中、下、別巻』 金沢市教育委員会 2000~2003年
田中正造 『田中正造選集(一) 民権への道』 岩波書店 1989年
『予は下野の百姓なり 田中正造と足尾鉱毒事件 新聞でみる公害の原点』 下野新聞社 2008年
久保隆 『権藤成卿論 農本主義とアジア的共同性』 JCA出版 1981年
『下野新聞社史』 下野新聞社 2004年
『百二十年の歩み この二十年』 信濃毎日新聞社 1995年
『八十五周年 北日本新聞社史』 北日本新聞社 1969年
『月桂新誌 明治初期信州教育時論雑誌』 復刻月桂新誌刊行会 1973年
赤羽篤ほか編 『長野県歴史人物大事典』 郷土出版社 1989年
山田貞光 『木下尚江と自由民権運動』 三一書房 1987年
蘇武緑郎 『明治文化版画大鑑(3) 明治演劇篇』 豊文館書房 1932年
鈴木孝一編 『ニュースで追う明治日本発掘3』 河出書房新社 1994年
小櫃万津男 『日本新劇理念史 明治前期篇』 白水社 1988年

宮武外骨『明治演説史　明治密偵史　明治史料』河出書房新社　１９８７年
柳田泉『明治文学研究第６巻　明治初期の文学思想下巻』春秋社　１９６５年
柳田泉ほか編『座談会　明治文学史』岩波書店　１９６１年
柳田泉『随筆　明治文学１～３』平凡社　２００５年
木村毅『明治文学を語る』恒文社　１９８２年
太田雅夫編『桐生悠々自伝　思い出るまま』新泉社　１９９１年
井出孫六『抵抗の新聞人　桐生悠々』岩波書店　１９８０年
井上江花『井上江花著作集』新興出版社　１９８５年
『肥塚龍自叙伝』肥塚麒一　１９２２年
黒田清輝『黒田清輝日記』中央公論美術出版　２００４年
野崎左文『増補　私の見た明治文壇』平凡社　２００７年
『地方別　日本新聞史』日本新聞協会　１９５６年
千葉眞郎『石橋忍月研究　評伝と考証』八木書店　２００６年
石橋忍月『石橋忍月全集』八木書店　１９９５～１９９６年
徳田秋聲『光を追うて』新潮社　１９３９年
横山源之助『日本の下層社会』岩波書店　１９４９年
尾崎行雄『わが遺言』国民図書刊行会　１９５１年
髙野清八郎『人間尾崎行雄』新使命社関西支社　１９５３年

西田長壽『明治新聞雑誌文庫の思い出』《リキエスタ》の会　2001年
大日方純夫『自由民権運動と立憲改進党』早稲田大学出版部　1991年
前田蓮山『「自由民権」時代』時事通信社　1961年
日本新聞労働組合連合新聞研究部編『地方紙の時代か！』晩聲社　1980年
佐藤能丸『明治ナショナリズムの研究　政教社の成立とその周辺』芙蓉書房出版　1998年
山本武利『近代日本の新聞読者層』法政大学出版局　1981年
山本武利『新聞記者の誕生』新曜社　1990年
山室清『横浜から新聞を創った人々』神奈川新聞社　2000年
山本四郎『日本政党史　上、下』教育社　1979、1980年
中野孝次『若き木下尚江』筑摩書房　1979年
敷田千枝子『口語歌人　西出朝風』短歌研究社　2007年
明治大学史資料センター『尾佐竹猛研究』日本経済評論社　2007年
高田早苗『半峰昔ばなし』早稲田大学出版部　1927年

※本書は、2018（平成30）年4月から8月まで、北國新聞・富山新聞朝刊に計36回連載された「新聞の夜明け　萬次郎と政文の拓いた道」を一部加筆、修正して収録したものです。

金沢の偉人　常設展で詳しく

近代日本を支えた偉人がゆかりの品々とともに紹介されています。

桜井錠二

理化学研究所
設立に尽力

藤井健次郎

「遺伝子」の
名付け親

八田與一

台湾の
烏山頭ダム建設

飯盛里安

放射能検知器を
発明

三宅雪嶺

（北國新聞で活躍）

国粋主義唱えた
言論人

桐生悠々

（北國新聞で活躍）

反骨の
ジャーナリスト

藤岡作太郎

（北國新聞で活躍）

国文学の近代的
研究方法を提唱

山本良吉

（北國新聞で活躍）

武蔵高校中学校の
礎を築いた教育者

中西悟堂

「日本野鳥の会」
を設立

松田権六

（文化勲章受章）

蒔絵の人間国宝

谷口吉郎

（文化勲章受章）

近代建築の巨匠

蓮田修吾郎

（文化勲章受章）

金属造型の開拓者

他に　高峰譲吉、木村栄、小野太三郎、西田幾多郎、鈴木大拙、井上友一、安宅彌吉、北方心泉、細野燕台、泉鏡花、徳田秋聲、室生犀星、清水誠、加藤せむ、関口開など

金沢ふるさと偉人館 TEL.（076）220-2474

開館時間　午前9時30分～午後5時（入館は午後4時30分まで）

〒920-0993 金沢市下本多町6-18-4 http://www.kanazawa-museum.jp/ijin/

入館料		
	一般・大学生	300円
	団体（20名以上）	250円
	65歳以上	200円
	高校生以下	無　料

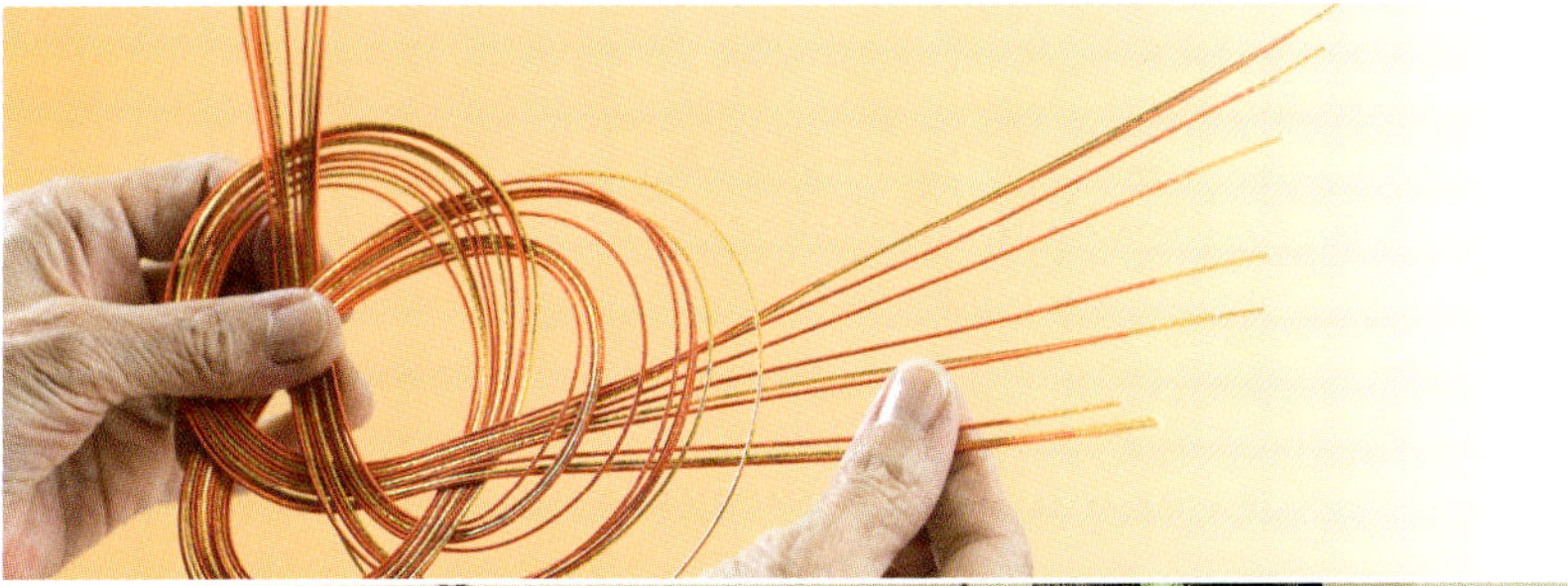
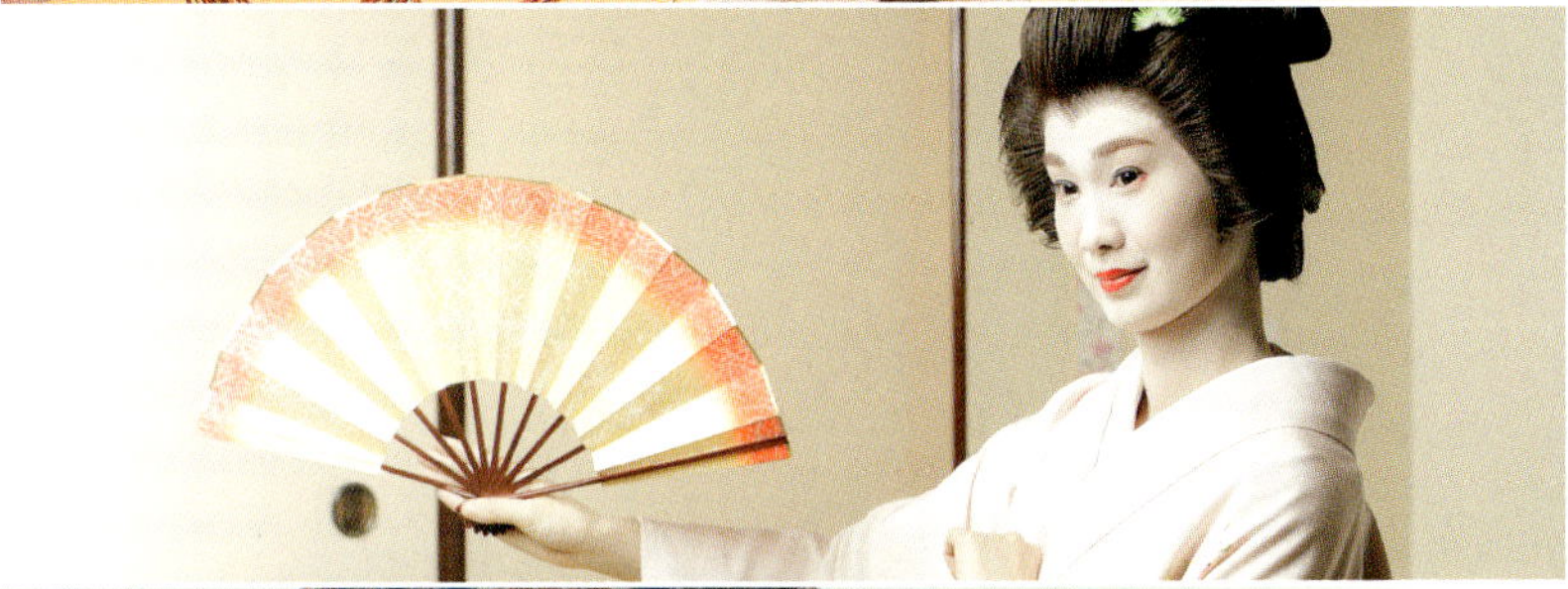
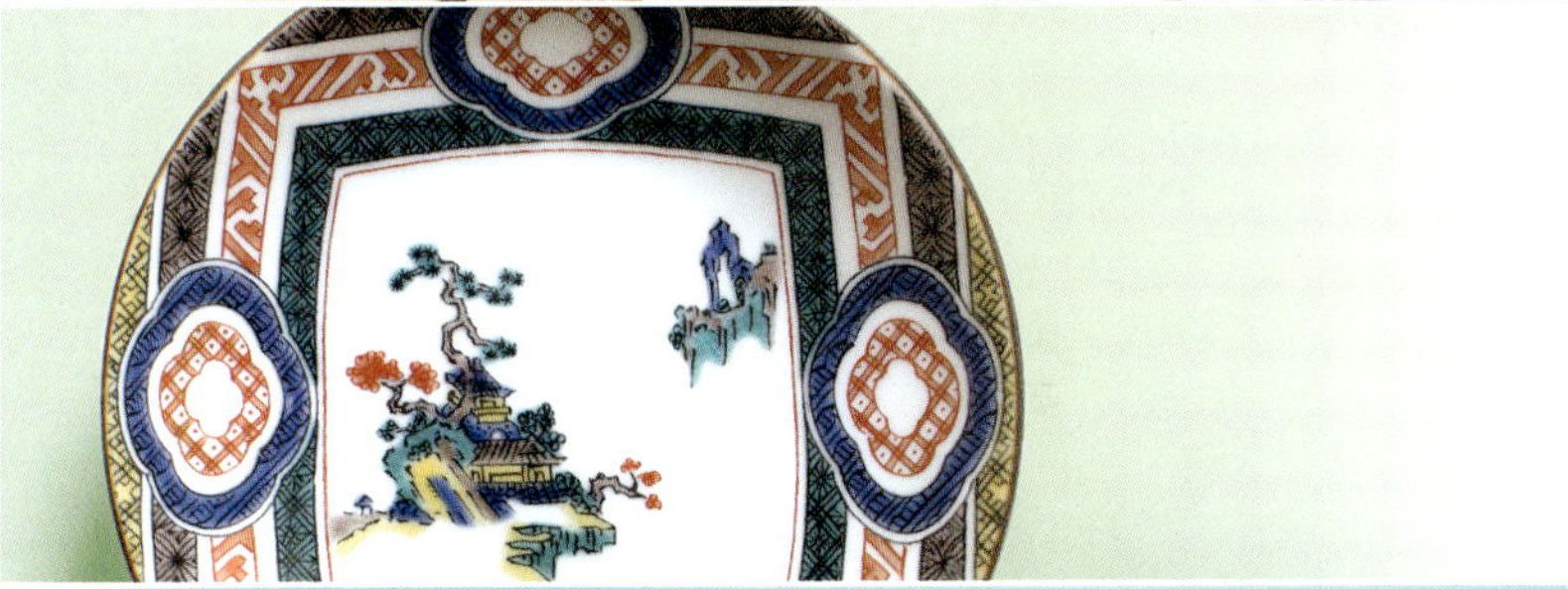
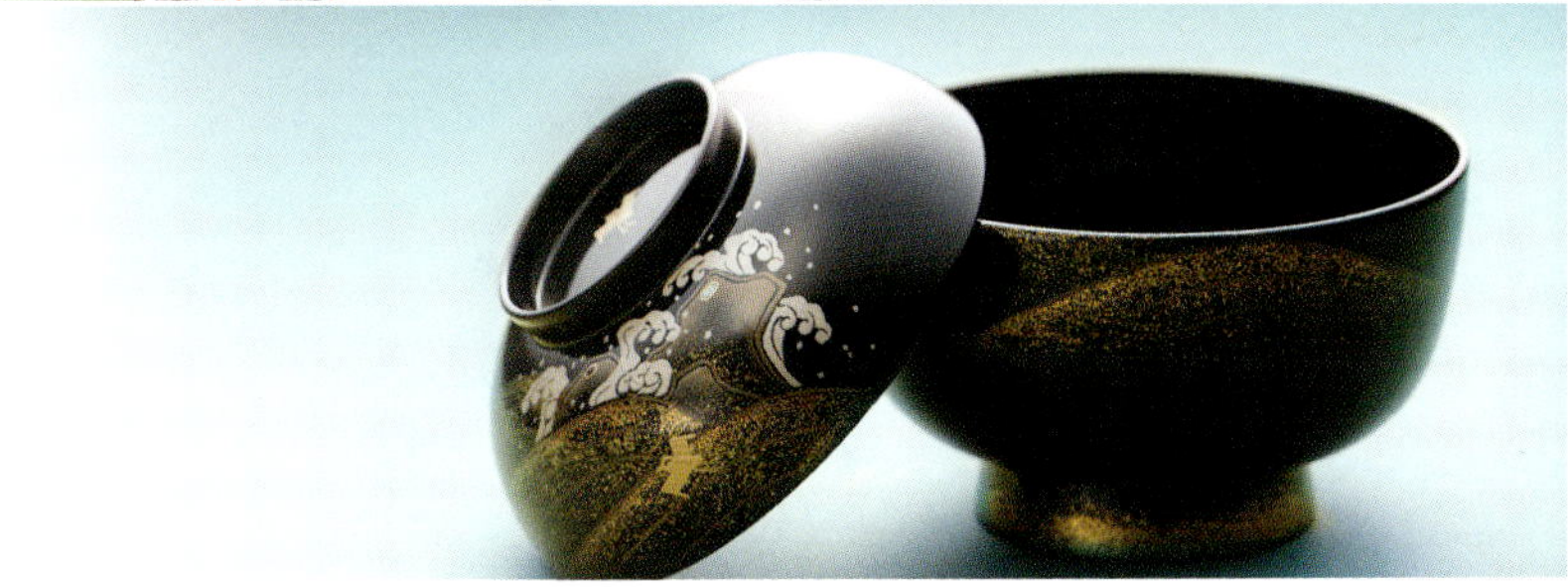

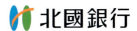

ほくほくフィナンシャルグループ
Hokuhoku Financial Group
一緒に
歩いて行こう、
明日へ。
北陸銀行は
これからも、
地域とともに
歩んでまいります。
hokugin.co.jp
地域に強さを。ひとに情熱を。北陸銀行

福岡第一発電所（石川県）1911年　運転開

大久保発電所（富山県）1899年　運転開始

西勝原第一発電所（福井県）1923年　運転

北陸３県にお住まいの方

住宅メーカー経由でお申し込みの方

ほくぎん 手数料定率型 住宅ローン

［表示金利適用期間］平成30年7月10日 ▶ 平成30年9月9日

3年固定金利特約型 年0.35%

5年固定金利特約型 年0.51%

北陸銀行なら!!

①保証料 0円

②8大疾病団信金利上乗せ※1 0%

③一部繰上返済手数料※2 0円

④金利特約再設定手数料※2 0円

借入後もお得! 固定金利特約期間終了後も完済時まで店頭基準金利より**金利引き下げ**するプランがございます。

※固定金利特約期間終了後の金利引き下げ幅について、詳しくは店頭でご確認ください。

※1 満50歳以下の方に限らせていただきま
満51歳以上の方の場合、下記の金利が上
せとなります。

※2 インターネットバンキングでのお手続き
場合（一部ローンやお取引状況によっては
利用いただけない場合がございます）

店頭基準金利（平成30年7月10日現在）	2年固定金利特約型	3年固定金利特約型	5年固定金利特約型	10年固定金利特約型	変動金利型
	年2.300%	年2.400%	年2.700%	年2.850%	年2.675%

○表示金利は当行口座で給与をお受け取りの方（今後ご指定いただける方）が期間中に住宅ローンを新規にお借り入れされる
合の金利です。○表示金利および店頭基準金利は毎月見直しいたします。○お申し込み時の金利ではなくご融資実行時の金
が適用されます。（最新の金利については店頭・ホームページでご確認ください。）○金利動向によっては表示金利が変更にな
場合があります。○審査結果によっては融資のご希望にそえない場合がございます。○返済額の試算、その他具体的な返済方
については窓口までお問い合わせください。店頭に商品説明書をご用意しております。

ほくぎん住宅ローン（手数料定率型）商品概要

●**ご利用いただける方**／北陸保証サービス㈱の保証を受けられる方で、次のすべての条件を満たす個人の方。○ご融資時の年
が満20歳以上71歳未満、完済時年齢満80歳未満の方。○団体信用生命保険に加入できる方。○年収400万円以上の方。○ご返
比率25%未満の方。○住宅メーカー経由でお申し込みの方。●**ご融資金額**／100万円以上1億円以内（10万円単位）●**手数料に
いて**／取扱手数料：3年固定金利特約型 ご融資金額×1.08%（消費税込） 5年固定金利特約型 ご融資金額×2.16%（消費税
［繰上返済・条件変更の際などに所定の手数料が必要となります］●**保証人**／保証人は原則不要です。北陸保証サービス（株）の
証となります。●**ご融資期間**／3年以上40年以内（1年単位）※物件やその他条件によって、ご融資期間が異なる場合がございま
●**担保**／融資対象物件（底地を含む）に保証会社を第一順位の抵当権者とする抵当権の設定が必要となります。抵当権設定費用
お客さまのご負担となります。●**団体信用生命保険**／団体信用生命保険にご加入いただきます。地銀協ライフサポート団信を
利用いただく場合は満20歳以上50歳以下となります。ご利用の場合、以下の保険料がお借入金利に上乗せされます。

		地銀協一般団信	カーディフ一般団信	8大疾病保障団信	地銀協ライフサポート団信	全疾病保障団信
上乗せ金利	満20歳以上50歳以下	なし	なし	なし	年0.05%	年0.1%
	満51歳以上71歳未満			年0.3%	取扱なし	年0.4%

※失業信用費用保険（年0.2%上乗せ
ご用意しております。

※ご利用にあたっては所定の条件や審
ありますので、窓口等でご確認くださ

詳しくは、北陸銀行もしくはほくぎんローンプラザへお問い合わせください。

地域に強さを。ひとに情熱を。 北陸銀

小倉　正人（おぐら・まさと）
1946（昭和21）年金沢市生まれ、同市在住。立命館大卒。北國新聞社社会部長、編集局次長、論説副主幹などを経て現職。

北國新聞創刊者
赤羽萬次郎が拓いた道

二〇一八（平成三十）年八月五日発行

著者　小倉　正人

発行　北國新聞社
石川県金沢市南町二―一
電話〇七六―二六〇―三五八七（出版局直通）
〒九二〇―八五八八
メール　syuppan@hokkoku.co.jp

ISBN978-4-8330-2145-6